ANGRY ANIMALS
by Nick Arnold, illustrated by Tony De Saulles
Text copyright ⓒ 2005 by Nick Arnold
Illustrations copyright ⓒ 2005 by Tony De Saulles
All rights reserved.
Korean translation copyright ⓒ 2008 by Gimm-Young Publishers, Inc.
This Korean edition was published by Gimm-Young Publishers, Inc. in 2008
by arrangement with Scholastic Ltd. through EYA(Eric Yang Agency), Seoul.

이 책의 한국어판 저작권은 에릭양 에이전시를 통해 Scholastic Ltd.와 독점계약한
(주)김영사에 있습니다. 저작권법에 의하여 한국 내에서 보호를 받는 저작물이므로
무단 전재와 복제를 금합니다.

앗, 이렇게 재미있는 과학이!

맛있는 식사 시간!

노발대발 야생동물

닉 아놀드 글 | 토니 드 솔스 그림 | 이충호 옮김

주니어김영사

노발대발 야생동물

1판 1쇄 인쇄 | 2008. 12. 5.
개정 1판 2쇄 인쇄 | 2021. 11. 30.

닉 아놀드 글 | 토니 드 솔스 그림 | 이충호 옮김

발행처 김영사 | 발행인 고세규
등록번호 제 406-2003-036호 | 등록일자 1979. 5. 17.
주소 경기도 파주시 문발로 197(우10881)
전화 마케팅부 031-955-3100 | 편집부 031-955-3113~20 | 팩스 031-955-3111

값은 표지에 있습니다.
ISBN 978-89-349-9845-7 74080
ISBN 978-89-349-9797-9 (세트)

좋은 독자가 좋은 책을 만듭니다. 김영사는 독자 여러분의 의견에 항상 귀 기울이고 있습니다.
전자우편 book@gimmyoung.com | 홈페이지 www.gimmyoungjr.com

이 도서의 국립중앙도서관 출판시도서목록(CIP)은 서지정보유통지원시스템
홈페이지(http://seoji.nl.go.kr)와 국가자료공동목록시스템(http://www.nl.go.kr/kolisnet)에서
이용하실 수 있습니다. (CIP제어번호 : CIP2019031339)

어린이제품 안전특별법에 의한 표시사항
제품명 도서 제조년월일 2021년 11월 30일 제조사명 김영사 주소 10881 경기도 파주시 문발로 197
전화번호 031-955-3100 제조국명 대한민국 ⚠주의 책 모서리에 찍히거나 책장에 베이지 않게 조심하세요.

차례

책머리에	7
동물에 관한 기본 사실	10
잔인한 야생 동물의 공격	19
사나운 상어	26
악랄한 악어	43
비열한 뱀	64
무시무시한 덩치를 가진 동물	80
공포의 곰	91
큰 고양이과 동물	109
잔인한 늑대	122
세상에서 가장 잔인한 동물은?	136
끝맺는 말: 동물을 사랑하고 보호하자	144

닉 아놀드는 어린 시절부터 이야기와 책을 쓰기 시작했지만, 무서운 야생 동물에 관한 책을 써서 유명해지리라고는 꿈에도 생각지 않았다. 이 책을 쓰기 위해 아놀드는 늑대와 함께 울부짖고, 코모도왕도마뱀과 함께 식사를 해 보기까지 했다. 그렇지만 그는 그 모든 것을 즐겼다고 한다.

〈앗, 이렇게 재미있는 과학이!〉 시리즈에 관한 일을 하지 않을 때에는 피자를 먹거나 자전거를 타거나 썰렁한 농담을 생각한다고 한다(음, 물론 이 모든 것을 동시에 하는 것은 아니다).

토니 드 솔스는 기저귀를 차고 다닐 때부터 크레용을 집어 들고 놀았으며, 그 후로 계속 그림을 그려 왔다. 그는 〈앗, 이렇게 재미있는 과학이!〉 시리즈에 홀딱 빠져 악어 배 속에서 스케치를 하는 것도 마다하지 않았다. 다행히도 지금 그는 건강을 완전히 회복했다.

스케치북을 들고 밖으로 나가지 않을 때면 시를 쓰거나 스쿼시 게임을 즐긴다. 그렇지만 아직까지 스쿼시에 관한 시는 한 편도 쓴 적이 없다고 한다.

책머리에

누구나 동물을 좋아하지만, 그렇다고 동물도 늘 우리를 좋아하는 것은 아니다. 이 책에는 우리를 결코 좋아하지 않는 동물들이 우글거리고 있다. 바로 많은 사람을 죽이는, 위험하고 큰 동물들 말이다! 이것은 무시무시하고 잔인한 동물들에 관한 이야기이다. 이 피비린내 나는 책에서는 동물들이 우리를 왜 그리고 어떻게 죽이는지, 우리는 또 어떻게 반격하는지 살펴볼 것이다. 머리털이 쭈뼛 서는 공포의 순간들도 자주 맞닥뜨릴 테니, 마음의 각오를 단단히 하도록!

이 책에서 만나게 될 몇몇 동물을 아래에 미리 소개한다. 척 보아도 성질이 정말 사나운 것 같지 않은가? 이 동물들은 여러분을 보자마자 두 번 생각할 것도 없이 팔을 와삭 물어뜯으려 할 것이다. 어때? 그래도 가까이 다가가서 이 동물들을 더 자세히 알아보고 싶은 생각이 드는가?

나는 절대로 이 동물들에게 가까이 다가가지 않을 것이다! 대신에 무시무시한 호랑이와도 충분히 맞설 만큼 무모한 용기를 지닌 인물을 하나 만들어 냈다. 자, 용감한 박물학자 설레발 씨와 똑똑한 애완 원숭이 미키에게 열렬한 박수를!

설레발 씨는 세상에서 가장 잔인한 동물을 찾아 그 동물에게 이 멋진 트로피를 주려고 한다.

자, 그러면 이 책을 즐길 준비가 되었는가? 잔인한 장면을 보면 등골이 오싹할 테지만, 그래도 책을 다 읽고 나면 자연을 새로운 눈으로 보게 될 것이고, 어쩌면 사람도 새로운 눈으로 볼 것이다. 어때? 그래도 이 책을 계속 읽을 용기가 있는가? 오, 겁쟁이 병아리처럼 꽁무니 빼지 마! 용기를 내라고!

동물에 관한 기본 사실

가장 잔인한 동물을 만나러 갈 준비가 되었는가? 음, 잠깐만! 문득 떠오르는 게 있다. 그 동물은 지구 상에 존재하는 500만 종의 동물 가운데 하나이다. 그런데 그렇게 많은 동물을 어떻게 분류할까?

독자 여러분, 미안! 잔인한 동물을 만나러 가기 전에 먼저 동물의 종을 체계적으로 분류하는 방법부터 알아보기로 하자. 몇 가지 간단한 질문이 큰 도움을 줄 것이다.

1. 그 종은 어떤 동물 집단에 속하는가?
2. 그 동물은 무엇을 먹고 사는가?
3. 그 동물은 어디에 사는가?

알아 두면 유익한 과학 용어 한두 개
척추동물: 척추, 곧 등뼈가 있는 동물
무척추동물: 척추, 곧 등뼈가 없는 동물

간단한 동물 집단 분류법 강의

원숭이 미키와 여러 동물

척추동물은 다시 어류, 양서류, 파충류, 조류, 포유류로 나뉜다.

원숭이 미키는 아주 똑똑한 것 같다! 음, 그건 그렇고, 여러분 비위가 좋아야 할 텐데……. 왜냐하면…… 이번에는 동물이 먹는 먹이의 종류에 따라 동물을 분류하는 법을 살펴볼 것이기 때문이다. 이 이야기는 여러분의 입맛을 뚝 떨어지게 할지도 모른다!

동물의 먹이에 관한 메스꺼운 사실

여러분과 마찬가지로 모든 동물은 각자 좋아하는 먹이가 따로 있다.

● 육식 동물은 고기를 먹는다. 그중에서 사냥을 해서 다른 동물을 잡아먹는 동물을 포식동물이라고 한다. 먹이가 되는 동물은 먹이 동물 또는 먹이라고 한다(도대체 누가 과학을 어렵다고 한 거야?). 여러분이 기르는 개와 고양이도 육식 동물이고, 호랑이도 육식 동물이다(그런데 호랑이는 여러분이 애지중지하는 고양이를 한입에 삼키고, 개를 간식으로 냠냠 먹어 치울 수 있다. 그러니 서로 함께 두지 않도록 하라).

● 죽은 동물을 먹는 육식 동물을 부식(腐食) 동물이라고 한다. 부식동물은 살점이 많이 붙어 있

는 먹이를 좋아한다. 많은 부식 동물은 구더기가 들끓는 썩은 시체도 마다하지 않고 먹는다. 대표적인 부식 동물로는 독수리를 꼽을 수 있다.

● 초식 동물은 식물을 먹는다. 초식 동물에는 코끼리, 하마 등이 있다.

● 동물과 식물을 모두 먹는 동물을 잡식 동물이라고 한다(여러분도 잡식 동물이다. 샐러드도 먹고 스테이크도 먹잖아?).

● 곤충을 먹는 동물을 식충 동물이라고 한다. 식충 동물은 애벌레와 땅벌레를 좋아한다. 식충 동물의 예로는 흙돼지가 있다(혹시 궁금할까 봐 알려 주자면, 흙돼지는 아프리카에 사는 개미핥기의 일종이다. 흙을 먹는 돼지가 아니다!).

동물의 먹이에 관한 깜짝 퀴즈

오, 이런! 설레발 씨가 난장판 동물원에서 동물들에게 먹이를 주려다가 진짜로 난장판을 만들고 말았다! 모든 동물에게 엉뚱한 먹이를 준 것이다! 여러분은 각각의 동물이 원하는 먹이를 찾아 줄 수 있겠는가?

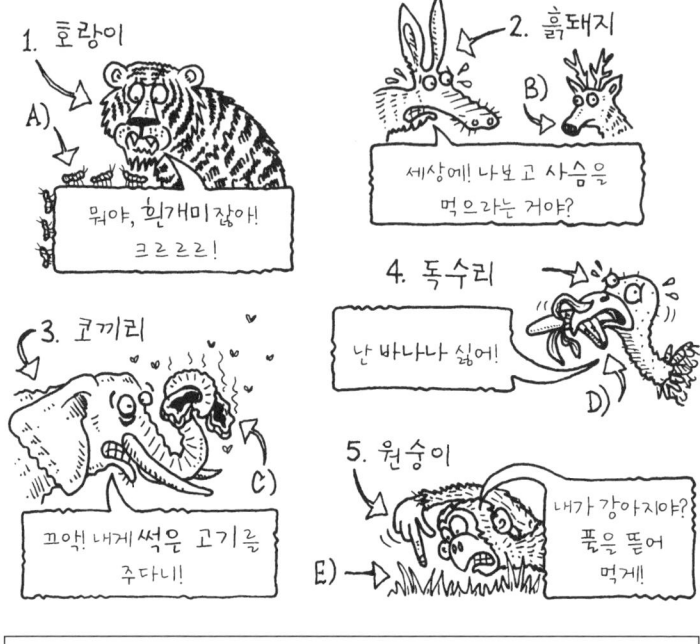

답: 1.b) 2.a) 3.e) 4.c) 5.d)

육식 동물은 초식 동물을 잡아먹고, 초식 동물은 식물을 먹는다. 과학자들은 이렇게 먹고 먹히는 생물들 간의 관계를 먹이 사슬 또는 먹이 그물이라는 그림을 통해 나타낸다. 헷갈린다고? 헷갈리는 사람들을 위해 그림을 곁들인 좀 더 간단한 설명이 필요하겠군.

진상 조사 X-파일

이름: 먹이 그물과 먹이 사슬
기초 사실: 1. 모든 동물은 식물이나 동물을 먹고 살거나

둘 다 먹고 산다.
2. 늑대에서 시작된 먹이 사슬은 다음과 같다.

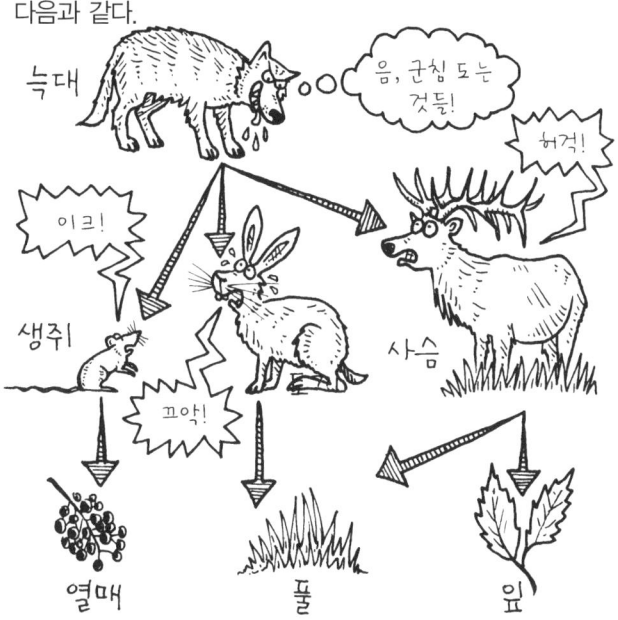

3. 먹이 그물에서 먹고 먹히는 관계가 일련의 단일한 선들로 죽 이어져 있는 부분을 먹이 사슬이라고 한다. 대부분의 생물은 두 종류 이상의 동물이나 식물을 먹고 살기 때문에, 자연계에는 단일한 먹이 사슬이 거의 존재하지 않고, 대부분 먹이 그물을 이룬다.

섬뜩한 사실: 먹이 사슬은 곧 모든 동물이 서로 의존하여 살아간다는 것을 말해 준다.
● 만약 초식 동물이 모두 죽는다면, 초식 동물을 먹고 사는 육식 동물도 먹을 게 없어 죽을 것이다.
● 만약 육식 동물이 모두 죽는다면, 초식 동물은 그 수가 크게 늘어나 식물을 모두 먹어

치울 것이다. 그러면 이번에는 초식 동물도 먹을 게 없어 굶어 죽겠지. 그러니까 육식 동물은 초식 동물을 잡아먹음으로써 결국 초식 동물에게 이로운 일을 하는 셈이다.

동물이 사는 장소

마지막으로, 동물이 사는 장소에 따라 동물을 분류하는 방법을 살펴보자. 모든 동물은 각자 살아가기에 유리한 곳에 자리를 잡고 살아가는데, 그 장소를 서식지라 부른다. 모든 동물은 각자 자신의 서식지에서 잘 살아가도록 적응했다. 만약 똑똑한 사람인 것처럼 보이고 싶다면, 이런 말을 해 보라.

이걸 입증하기 위해 잔인한 실험을 하나 준비했다. 각자 자기 서식지에서 살아가는 동물이 세 종 있다.

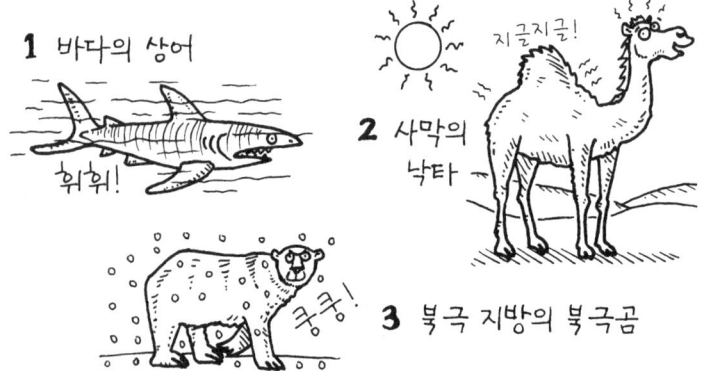

그런데 만약 이 동물들을 다른 장소로 옮기면 어떻게 될까? 즉, 상어를 북극 지방으로 옮기고, 북극곰을 사막으로 보내고, 낙타를 바다로 보내는 것이다!

1. 상어의 아가미는 물속에 녹아 있는 산소를 들이마시기 위해 적응한 것이다. 그러나 공기 중에서는 아가미가 아무 소용이 없다. 더군다나 북극이라면 상어는 꽁꽁 얼어 죽고 말 것이다. 상어 지느러미 좋아하는 사람?

2. 북극곰의 두꺼운 털가죽은 추위를 견뎌 낼 수 있게 적응한 것이다. 그러나 뜨거운 사막에서 북극곰은 열기를 이겨 내지 못해 죽고 말 것이다.

3. 낙타는 물을 구하기 힘든 환경에서도 살아갈 수 있게 적응했지만, 바다 속에서는 살아갈 수 없다. 지느러미 발을 줄 걸 그랬지.

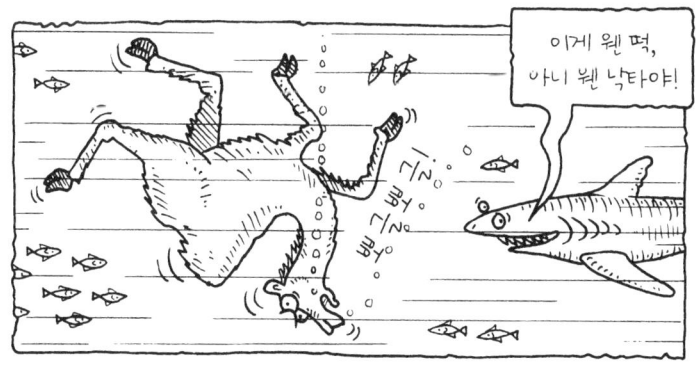

자, 지금까지 동물에 대해 알아야 할 기초적인 사실들을 살펴보았다. 그럼, 이제 세상에서 가장 잔인한 동물을 찾으러 출발하기로 할까?

아, 맞다! 그걸 빼먹었군! 동물을 찾아 나서기 전에 동물이 왜 우리를 공격하는지 먼저 그 이유를 알아 두는 게 필요하다. 그러지 않았다간 우리는 영문도 모른 채 동물의 공격을 받아 위험에 빠질 수 있다. 아, 잠깐만! 갑자기 식은땀이 나고, 다리가 후들거린다.

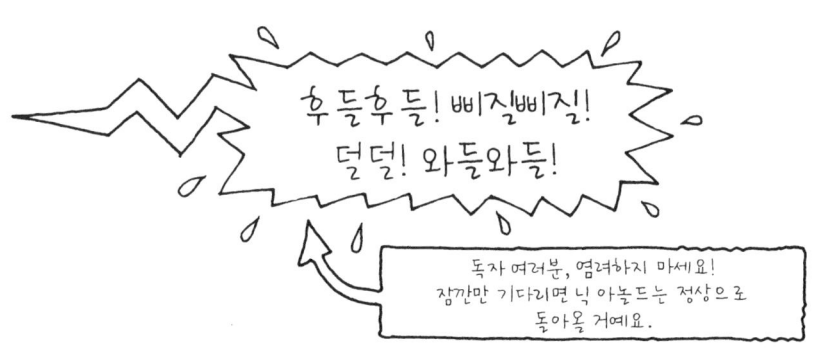

잔인한 야생 동물의 공격

이 책은 아주 위험한 책이다. 세상에서 가장 잔인한 동물을 찾아 나선 우리는 언제 어디서 공격을 받을지 모른다! 어쩌면 다음 사람들과 같은 운명을 밟을지도 모른다.

1960년, 남아프리카 공화국

한 십대 소년은 다리에 해초가 닿는 느낌이 들었다. 그러나 고개를 돌려 보았더니, 상어가 다리를 와드득 씹어 먹고 있지 않은가! 소
스라치게 놀란 소년은 필사적으로 상어의 눈을 쑤시려고 했다. 그러나 손이 미끄러지는 바람에 상어의 입속으로 들어가고 말았고, 날카로운 이빨이 손가락의 살을 발라냈다. 잠시 후, 상어는 소년을 놓아 주었다. 그러나 소년이 탈출하려고 시도하는 순간, 상어는 다시 옆구리를 꽉 물었다. 공포에 질린 소년은 핏빛으로 변한 바다에서 죽을힘을 다해 헤엄쳤다.

1981년, 오스트레일리아 북부

거대한 악어가 남자를 물고 물속으로 끌고 들어가려는 순간, 남자의 몸에서 피가 솟구쳐 나왔다. 그때, 열두 살짜리 여자 아이가 용감하게 강 속으로 뛰어들어
남자의 팔을 붙잡았다. 악어의 이빨이 살 속으로 더 깊이 파고들자 남자는 비명을 질러 댔지만, 소녀는 이를 악물고 남자를 놓지 않았다.

1900년대, 아프리카의 케냐

어린 소녀가 노래를 부르며 먼지가 폴폴 나는 땅 위를 맨발로 달리고 있었다. 높이 자란 풀 사이로 사자가 살금살금 뒤쫓아 오고 있다는 사실은 꿈에도 몰랐다. 다음 순간, 소녀는 사자가 무지막지하게 휘두르는 발에 얻어맞아 땅바닥에 쓰러졌고, 날카로운 이빨이 다리에 콱 박히는 순간 말할 수 없는 고통을 느꼈다. 포효하는 사자의 울음소리는 온 세상을 뒤흔드는 것처럼 들렸다.

어때? 소름끼치는 이야기지? 그렇지만 남아프리카 공화국의 소년은 해변까지 헤엄쳐 탈출하는 데 성공했고, 열두 살짜리 소녀는 남자를 물속에서 끌어내 구출했고, 어린 소녀도 사자의 공격에서 살아남았다! 그러나 불행히도 이들보다 운 나쁜 희생자가 훨씬 많다.

동물들은 왜 우리를 공격할까? 우리가 그렇게 맛있을까? 설레발 씨의 의견을 들어 보기로 하자.

사실, 설레발 씨는 답을 여러 가지 이야기했다.

1. 포식 동물은 다른 동물을 잡아먹는다. 일부 포식 동물은 사람을 공격하기도 하지만, 대부분은 우리를 평소에 잘 먹는 먹이로 오해하여 공격한다. 뭐, 어쨌든 동물들이 하는 변명은 그렇다. 용감한 과학자들은 호랑이와 사자가 왜 우리를 잡아먹는지 연구했는데, 그 결과는 109쪽에 나온다.

2. 초식 동물도 육식 동물에게 잡아먹히는 게 마냥 기분 좋지는 않을 것이다. 그래서 공격을 받으면 반격을 한다.

3. 많은 동물은 우리가 그들의 세력권(이것은 동물들이 평소에 먹이를 구하면서 살아가는 자신만의 구역이다)을 침범했다고 여기면 우리를 공격한다.

4. 동물은 화가 나면 우리를 공격하기 쉽다.

● 부상당한 동물은 기분이 몹시 좋지 않다. 심한 치통을 앓는 선생님이 위험한 것도 이 때문이다.

● 우리에 갇힌 동물은 스트레스를 많이 받기 때문에, 우리 안으로 들어오려는 사람을 공격하기 쉽다. 내가 지금 다짜고짜 선생님 가까이에 가지 않으려고 하는 것도 이 때문이다.

5. 수컷은 짝짓기 철이 되면 성질이 더 사나워진다. 암컷을 차지하려면 다른 수컷과 경쟁하거나 싸워야 하기 때문이다. 안 그래도 가뜩이나 예민한 이 시기에 신경을 긁으면 누구라도 공격하겠지?

6. 암컷은 새끼를 보호하려는 본능이 강하기 때문에, 우리가 새끼에게 가까이 가면 공격할 수 있다.

7. 수컷은 가족을 보호하려고 사람을 공격할 수 있다.

8. 큰 동물은 배가 고프면 난폭해진다. 사람들이 양과 소를 키우기 위해 좋은 풀밭을 차지하는 바람에 배를 곯게 된 초식 동물도 많다.

설상가상으로 많은 동물들은 기회만 있으면 우리를 공격하려는 것처럼 보인다.

자, 다음 퀴즈를 풀어 보라. 퀴즈에 등장하는 동물 중 다섯 종은 사람을 공격한 적이 있고, 두 종은 장난감 강아지처럼 안전하다. 각각의 동물은 어느 쪽일까?

위험한 동물과 안전한 동물은 어느 것?

1. 흙돼지
2. 쥐며느리
3. 쥐
4. 일각돌고래
5. 다람쥐
6. 야자집게
7. 노랑목지빠귀

답:
1. 위험하다. 2001년, 스코틀랜드인 관광객이 아프리카를 여행하던 중에 성난 흙돼지에게 받혀 공중으로 붕 날아갔고, 갈비뼈 4대가 부러졌다. 거의 멧돼지 수준의 공격이었던 모양이다.
2. 안전하다. 쥐며느리는 썩은 나무를 먹고 살기 때문에 나무다리로 걸어 다니는 선생님한테만 위협이 될 뿐이다.
3. 위험하다. 쥐는 잠자는 사람을 공격한다. 그러나 전문가의 의견에 따르면, 그 공격은 개인적 원한과는 아무 상관이 없다고 한다. 쥐는 죽은 쥐도 먹는데, 잠자는 사람을 죽었다고 착각한 것인지도 모르지. 그렇다고 여동생 침대에 애완용 쥐를 집어넣을 생각은 하지 말 것!
4. 안전하다(화나게 하지 않는 한). 일각돌고래는 뾰족한 뿔이 달려 있긴 하지만, 그걸로 사람을 찌른 적은 한 번도 없다. 일각돌고래는 배를 위로 하고 누운 자세로 헤엄치는 버릇이 있다.

5. 위험하다. 괴짜 발명가 마이크 매든(Mike Madden)이 새먹이 공급 모자(여기에는 새집과 도토리 그릇까지 딸려 있었다)를 시험할 때, 사나운 다람쥐의 공격을 받았다. 이 때문에 마이크는 목에 부상을 입었다(정말이라니까!).

6. 위험하다. 1957년에 홍해의 한 섬에서 잠자던 사람 26명이 야자집게에게 물려 죽었다. 야자집게가 사람 머리를 코코넛으로 착각했던 것! 이거야말로 마른하늘에 날벼락이지 뭐야!

7. 위험하다. 노랑목지빠귀처럼 귀엽고 작은 새가 위험할 게 뭐 있느냐고 생각하겠지? 맞다! 그러나 사람이 노랑목지빠귀 둥지에 가까이 다가가면, 이 사나운 새는 똥을 마구 발사한다. 노랑목지빠귀의 꽁무니에서 발사되는 새똥 세례, 생각만 해도 끔찍하지?

★ 요건 몰랐을걸!

깃털 달린 친구 이야기가 나왔으니 하는 말인데, 2004년에 한 우편집배원은 공작의 공격을 받았다. 아주 사납게 덤벼드는 공작의 부리에 쪼인 그 우편집배원은 아주 큰 고통을 받았다고 한다.

중요한 공지 사항

방금 세상에서 가장 잔인한 동물 선발 대회 심사 위원들이 중요한 이메일을 보내 왔다.

> **세상에서 가장 잔인한 동물 선발 대회 심사 위원단의 결정**
>
> 이 대회에 참가하겠다는 동물들이 참가 신청서를 수백 통이나 보내 왔지만, 시간을 절약하기 위해 참가 자격을 다음과 같이 제한합니다.
> - 등뼈가 있는 동물
> - 사람을 많이 죽이는 동물
>
> 이 결정에 독자 여러분이 너무 실망하지 않기를!

그러니까 말벌, 해파리, 거미, 전갈 등은 등뼈가 없기 때문에 참가 자체를 허락하지 않는다는 이야기다. 그리고 새를 비롯한 많은 종류의 작은 동물들 역시 사람을 죽이지 않기 때문에 참가 자격이 없다. 오, 저런! 이 동물들이 자기들을 무시했다고 단단히 골이 난 것 같은데?

얼른 달아나는 게 좋겠다. 음, 여러분이 도망갈 만한 안전한 장소를 하나 알려 주겠다. 어서 다음 장으로 넘어가라!

어, 말하고 나서 다시 생각해 보니, 이곳도 그리 안전한 곳이 아닌 것 같다.

사나운 상어

세상에서 가장 잔인한 동물을 찾아 나선 우리의 여행에서 제일 먼저 만나 볼 동물은 백상아리이다. 여러분은 바다의 도살자, 백상아리에 관한 피비린내 나는 이야기를 듣고 싶어 몸이 근질근질하겠지만, 이 책은 교육적인 목적으로 쓴 품위 있는 책이라서 사실을 간단하게 소개하는 것으로 그치려고 한다.

음, 너무 아쉬워하지 마라. 29쪽에서 피비린내 나는 이야기도 할 테니까!

진상 조사 X-파일

이름: 백상아리
기초 사실: 어류
식성: 육식 동물. 물고기뿐만 아니라, 귀여운 물범과 돌고래와 전혀 귀엽지 않은 사람을 비롯한 포유류도 잡아먹는다.
백상아리에게 죽는 사람의 수*: 백상아리에게 죽는 사람의 수는 일 년에 2명 미만이다(모든 종류의 상어에게 죽는 사람의 수도 일 년에 12명 정도에 불과하다).
사는 곳: 세계 각지의 차가운 바다. 어떤 이유 때문에 백상아리는 물범이 많이 사는 섬 근처에 사는 경우가 많다. 그 이유가 뭔지 짐작하겠는가?

* 이 책에 실린 모든 수치는 어디까지나 추정치이며, 해에 따라 달라질 수 있음.

🐾 **몸길이**: 암컷이 수컷보다 큰데, 길이가 최대 4.5m에 이른다. 일부 백상아리는 6m 이상까지 자라며, 몸무게는 3t까지 나간다.

🐾 **무시무시한 특징**:

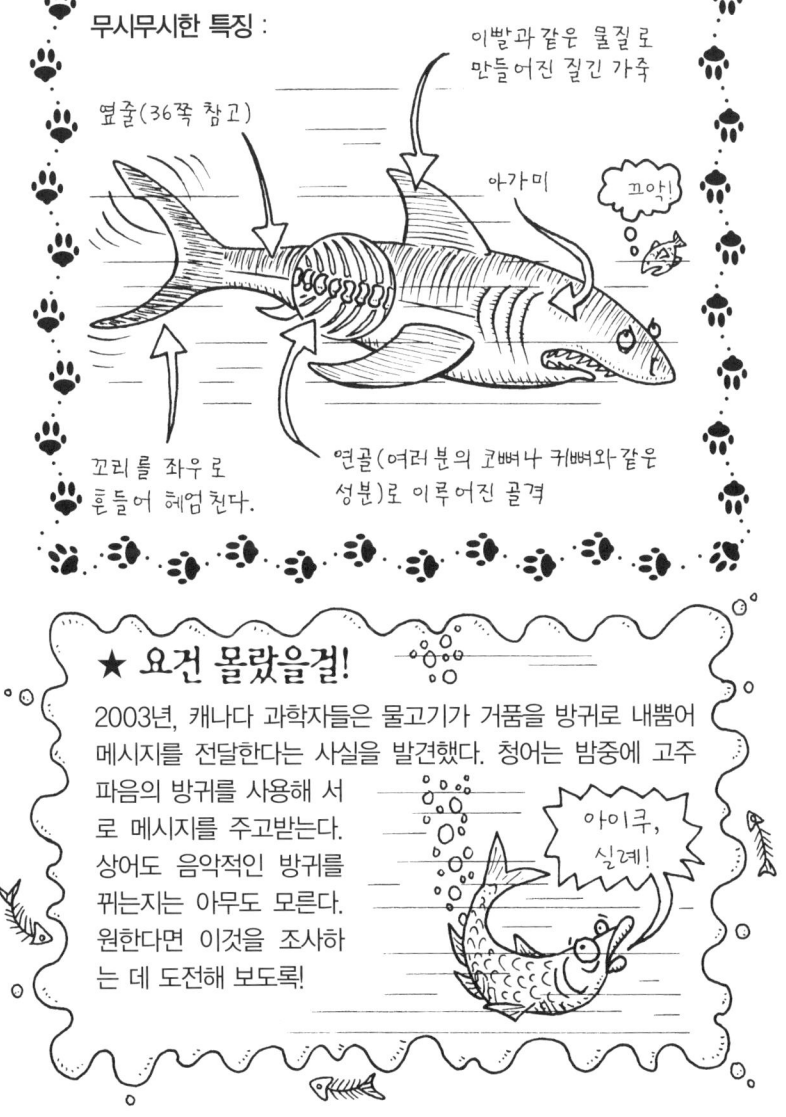

★ 요건 몰랐을걸!

2003년, 캐나다 과학자들은 물고기가 거품을 방귀로 내뿜어 메시지를 전달한다는 사실을 발견했다. 청어는 밤중에 고주파음의 방귀를 사용해 서로 메시지를 주고받는다. 상어도 음악적인 방귀를 뀌는지는 아무도 모른다. 원한다면 이것을 조사하는 데 도전해 보도록!

자, 그러면 상어에 관해 알아 두어야 할 몇 가지 사실을 살펴보자.

백상아리에 대해 사람들이 잘 모르고 있는 사실 네 가지

1. 백상아리는 어미 배 속에 있을 때 알에서 깨어난다. 그리고 아직 부화하지 않은 다른 알들을 먹으면서 자란다. 정말이다! 아직 깨어나지 않은 형제자매를 먹으면서 살아간다니까!

2. 백상아리도 '배꼽'이 있는데…… 배가 아니라 목에 있다! 이것은 알 속에서 자랄 때 노른자위의 영양분을 흡수하던 일종의 탯줄이 변한 것이다.

3. 일단 어미의 몸 밖으로 나가면, 새끼 백상아리는 어른들의 눈을 피해야 한다. 자칫하면 잡아먹힐 수 있기 때문이다. 심지어 어미조차도 자기 새끼를 아삭아삭 씹어 먹을 수 있다. 여러분은 부모에게 구박을 받으며 힘들게 산다고 생각하는가? 그런 생각이 들 때면 백상아리 같은 부모도 있다는 걸 기억하라!

4. 백상아리는 나이가 들수록 윗부분이 점점 더 회색으로 변하고, 몸통 가운데 부분이 더 커진다(하기야 사람 중에도 그런 사람이 많지!). 물론 백상아리는 처

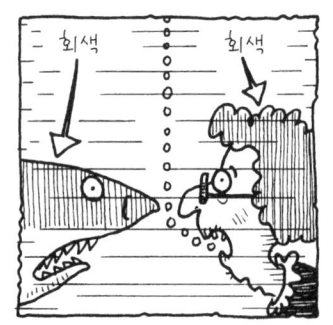

음부터 윗부분이 회색인데, 이 색은 위에서 내려다볼 때 어두운 바다와 섞여 눈에 잘 띄지 않는다.

으스스한 친척들

친척들 중에 만나기 싫은 사람들이 있지? 그렇지만 사람을 죽이는 상어 친척에 비하면 그들은 양반이다! 상어 친척들은 서로 사이좋은 관계는 아니지만, 여러분을 만나면 콱 물려고 달려든다는 점은 똑같다.

이름: 황소상어
몸길이: 2.1~3.5m
사는 곳: 해변에서 가까운 따뜻한 바다. 때로는 강을 거슬러 올라가다.
위험성: 잔인한 황소상어는 강에서 사람과 마주치면 무조건 덤벼든다. 이런 반사회적 행동 때문에 백상아리보다 훨씬 위험하다.

이름: 뱀상어
몸길이: 3~6m
사는 곳: 사람들이 수영하기 좋아하는 따뜻한 바다.
위험성: 뱀상어는 식성이 까탈스럽지 않아 사람 고기도 즐겨

먹는다. 물에 빠져 죽는 걸 흔히 "물고기 밥이 된다."라고 표현하는데, 뱀상어를 만나면 익사하기 전에 '물고기 밥이 될' 것이다!

이렇게 사나운 상어의 공격을 받으면 어떻게 될지 궁금하지? 결코 웃어넘길 일이 아니다. 1994년, 남아프리카 공화국의 서핑 챔피언 앤드루 카터(Andrew Carter)는 상어의 공격을 받았다. 그는 "아직도 그 힘이 생생하게 기억납니다. 마치 뼈가 으스러지는 것 같았지요."라고 말한다.

주위의 바다가 핏빛으로 변하자 앤드루는 비명을 질렀지만, 기묘하게도 상어에게 물린 다른 희생자들과는 달리 통증은 별로 심하지 않았다고 한다. 상어가 앤드루를 입속으로 더 집어넣으려고 아가리를 쩍 벌리는 순간, 앤드루는 서프보드(서핑용 판자)를 상어의 거대한 입속으로 밀어 넣었다. 그리고 때마침 일렁인 행운의 파도를 타고 해변으로 탈출할 수 있었다.

앤드루는 정말 운이 좋았다. 그 상어는 앤드루의 친구인 브루스를 공격해 다리를 물어뜯었고, 다리가 잘린 브루스는 결국 죽고 말았으니까.

공포의 상어에 관한 이야기를 하나 더 살펴보기로 하자. 만약 신문에서 이 이야기를 다루었더라면, 아마 다음과 같이 썼을 것이다.

마타완 신문

1916년 7월 12일

괴짜 선장, 상어를 보았다고 헛소리를 하다!

토머스 코트렐 선장은 우리가 사는 고장에서 겨우 100m쯤 떨어진 시냇물에서 상어를 보았다고 주장했다.

"물속에서 어두운 회색을 띤 그 형체를 분명히 보았습니다!"

코트렐 선장

배불뚝이 선장은 마을로 달려가 주민에게 경고를 했다. 그러나 모두 늙은 선장의 말을 웃어넘겼다.

우리 신문사의 견해: 소가 하품할 소리!

늙은 코트렐 선장이 상어를 보았다고? 헛것을 봤나 보지. 마타완 주민 여러분은 이 얼토당토않은 유언비어를 믿고 공포에 떠는 일이 없길 바란다. 우리 고장은 바다에서 16km나 떨어져 있고, 시내는 얕아서 절대로 상어가 올라올 리가 없다. 그러니 안심하고 시냇물에 몸을 담가도 된다. 바다에서만 산 괴짜 늙은이의 말은 무시하는 게 좋을 것이다!

마타완 신문

1916년 7월 14일

공포의 식인 상어 출현!

흉포한 상어의 공격으로 두 소년이 죽고 한 명이 부상을 당하자, 마타완은 발칵 뒤집어졌다. 이 야만적인 상어는 먼저 친구들과 수영을 하고 있던 레스터 스틸웰을 덮쳤다. 처음에는 아무도 그것이 상어인 줄 몰랐다. 용감한 스탠리 피셔가 레스터를 구하려고 다가가자, 상어는 피셔의 다리를 물어 끊어 버렸다. 피셔는 나중에 병원에서 사망했다. 온 주민이 공포에 질려 있는 가운데, 사람들은 배를 타고 가 상어를 산산조각 내려고 시냇물에 다이너마이트를 던졌다.

그러나 상어는 죽지 않고 반격을 해 왔다. 조지프 던과 친구들이 시내에서 달아나려고 하는 순간, 흉포한 상어는 던의 다리를 콱 물어뜯었다.

독자의 편지

마시 앤더슨 씀
안녕하세요, 편집자님.
나는 스탠리 피셔에게 경고를 했어요. 나는 레스터를 공격한 게 상어일지 모른다고 이야기했지만, 그 멍청한 애는 내 말을 귓등으로도 듣지 않았어요! 스탠리의 옛 선생으로서 이야기하는데, 젊은이들은 큰 물고기를 두려워하고, 잡아먹히지 않게 조심해야 해요! 우리가 젊었을 때에는 상상도 할 수 없는 일이에요!

신문사의 견해 : 독자 여러분, 죄송합니다!

이틀 전에 오타가 난 기사가 나간 것에 대해 진심으로 사과드립니다.
"시내에 몸을 담가도 된다."가 아니라 "욕조에 몸을 담가도 된다."입니다.

이 이야기는 사실이다! 그러나 전문가들은 공격을 감행한 상어가 어떤 종류인지 확실하게 말하지 못한다. 현장 근처에서 상어가 몇 마리 잡히긴 했지만, 그것이 식인 상어인지는 밝혀지지 않았다. 대부분의 사람은 배 속에서 뼈다귀가 나온 백상아리가 범인이라고 하지만, 황소상어가 진범일지도 모른다.

상어 밥이 되는 이야기를 하는 동안 혹시 출출함을 느낀 사람이 있을지 모르겠다. 그런 사람을 위해 여기 군침이 도는 별미 하나를 소개한다.

〈노발대발 야생 동물〉에서 제공하는
요리 비법 상어 위 수프

이 수프는 상어 위 속에서 실제로 발견된 것들을 재료로 사용했습니다.

음식 재료:
말 머리
자전거 부품
사람 팔
개의 등뼈
염소 한 마리(100% 죽었는지 확인할 것!)
상어의 위액
소금과 후추

준비물:
큰 솥
코를 막을 나무못(이 수프는 악취가 아주 고약하므로)

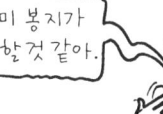

멀미 봉지가 필요할 것 같아.

만드는 법
1. 재료들을 큰 솥에 넣고 잘 섞는다. 아니면 이것들을 상어 위 속에 다 쏟아 부어도 된다.
2. 악취를 더 이상 참을 수 없을 때까지 열을 서서히 가한다.
3. 이웃들이 참지 못하고 항의를 하러 오기 전에 얼른 수프를 손님에게 내놓고, 친구들이 구역질 하는 모습을 즐긴다.
4. 남은 수프는 변기에다 버린다.
5. 아무도 찾지 못할 곳으로 숨는다.

★ 요건 몰랐을걸!

상어 위 속에서 발견된 사람 팔은 제임스 스미스라는 오스트레일리아 갱의 것이었다. 그것은 1935년에 뱀상어의 위 속에서 발견되었다. 같은 갱단 단원이 스미스를 죽인 뒤 철제 상자 속에 담아 바다에 버렸다고 자백했다. 그런데 몸이 상자 안에 다 들어가지 않자, 팔을 잘라 따로 버렸다고 한다!

상어의 공격 – 좋은 소식

좋은 소식 – 여러분이 상어의 공격을 받아 다칠 확률은 흰개미 발톱보다 훨씬 작다는 것이다. 미국에서 일 년에 상어에게 물리는 사람의 수는 뉴욕에서 사나운 햄스터의 공격을 받아 병원에 가는 사람의 수에 비해 4분의 1밖에 안 된다. 여러분이 나무에서 떨어지는 코코넛에 맞아 죽을 확률이 상어에 물려 죽을 확률보다 열 배나 크다.

더 좋은 소식 – 백상아리가 가끔 우리를 공격하는 것은 우리를 물범으로 착각했기 때문이다. 백상아리는 우리의 정체를 좀 더 확실히 알기 위해 일단 한번 물어 본다. 일부 과학자는 상어가 사람 고기 맛을 별로 좋아하지 않는다고 생각한다. 왜냐하면 상어는 사람을 한 번 물어 보고는 물러가는 경우가 많기 때문이다.

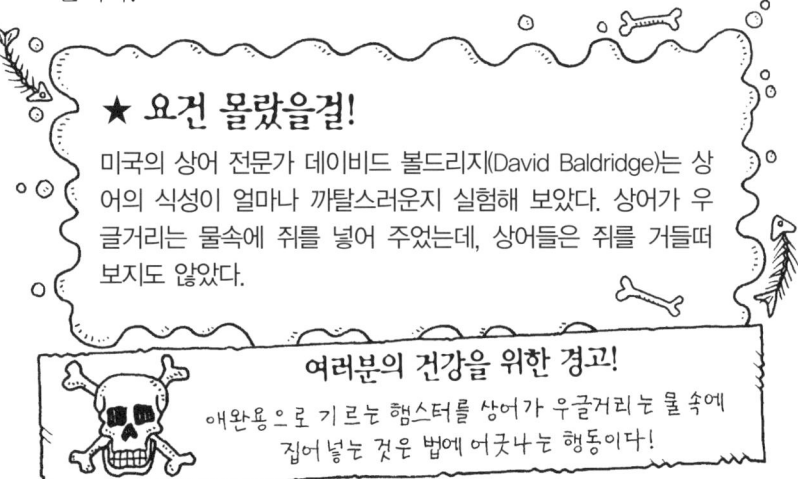

★ 요건 몰랐을걸!

미국의 상어 전문가 데이비드 볼드리지(David Baldridge)는 상어의 식성이 얼마나 까탈스러운지 실험해 보았다. 상어가 우글거리는 물속에 쥐를 넣어 주었는데, 상어들은 쥐를 거들떠보지도 않았다.

여러분의 건강을 위한 경고!
애완용으로 기르는 햄스터를 상어가 우글거리는 물 속에 집어넣는 것은 법에 어긋나는 행동이다!

그래서 상어가 위험하단 말인가, 그렇지 않단 말인가? 확실히 위험하다! 상어는 일단 물고 나서 질문은 나중에 한다(음, 말해 놓고 생각해 보니 상어는 질문을 아예 하지 않는군!). 게다가 백상아리는 아무리 살짝 문다 하더라도 여러분을 젤리 덩어리처럼 두 동강 낼 수 있다!

어쨌든 이런 위험에도 불구하고, 설레발 씨는 백상아리가 먹이를 어떻게 사냥하는지 보여 주려고 한다. 용감한 건지 멍청한 건지······.

설레발 씨의 모험: 상어의 공격

젠장! 상어의 공격이 너무 빨라 무슨 일이 일어났는지 자세하게 말해 줄 수가 없잖아. 다행히도 우리에게는 일어난 일을 다시 보여 주는 기술이 있다.

1. 500m 밖에 있던 상어가 피 냄새를 맡았다.

2. 몸 옆쪽에 나 있는 옆줄(측선)은 100m 밖에 있는 물의 움직임도 느낄 수 있다.

3. 상어가 죽은 생선 냄새를 맡았다.

4. 상어는 25cm 밖에서 물속의 미세한 전류(생물의 몸에서 나오는)를 감지한다. 그러면 아가리를 벌리고 그것을 향해 돌진해……

5. 콱 문다! 삼각형 모양의 이빨이 먹이의 살에 콱 박힌다.

6. 상어는 한 번 문 뒤 물러서서 먹이가 피를 흘려 죽을 때까지 기다리기도 한다. 다행히 이번에 상어가 문 '먹이'는 고무 튜브였다.

상어의 공격에서 살아남는 방법에 관한 퀴즈

당연히 여러분은 똑똑해서 백상아리에게 붙잡히지 않을 테지. 꼭 그렇지도 않다고? 그럼 그것을 알아보기 위해 오싹한 퀴즈를 내 보기로 하자.

> **경고!**
> 만약 퀴즈를 알아맞히지 못하면, 여러분은 상어에게 잡아먹힌다!

여러분은 지금 끝내 주는 휴가를 보내고 있다. 그런데 혹시 여러분의 생애도 끝나는 건 아니겠지?

1. 수영하기에 가장 안전한 장소는?

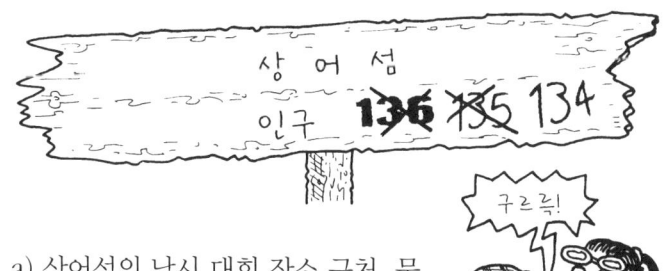

a) 상어섬의 낚시 대회 장소 근처. 물속에서 낚시를 구경할 수 있다.

b) 물범 옆. 나는 물범과 함께 노는 걸 좋아한다.

c) 해상 구조대에서 가까운 곳.

2. 수영을 할 때에는 어떤 것을 착용하는 게 가장 안전할까?

a) 밝게 빛나는 노란색 줄무늬 수영복(이것은 상어를 겁주어 쫓을 것이다)에다가 부적을 곁들인 것

b) 갑옷

c) 보통 수영복

3. 상어의 공격에 대항할 수 있는 가장 좋은 무기는?

a) 샴푸

b) 상어 격퇴 폭탄

c) 애완용 돌고래

4. 그 밖에 깜빡 잊은 것은 없는가?

a) 서프보드. 상어가 나타나면 파도를 타고 달아날 수 있다.

b) 상어에게 줄 죽은 양 한 마리. 상어는 양을 먹느라 나에게 달려들지 않을 것이다.

c) 아무것도 없다.

5. 상어가 공격해 왔다. 어떻게 하는 게 최선일까?

a) 침착하고 단호한 어조로 협상을 한다.

b) 손가락으로 눈을 찌르거나 주먹으로 코를 때린다.

c) 고래고래 소리를 지르고, 공중에다 팔을 휘젓는다.

답:
1. c) 구조대는 여러분을 도와줄 수 있다. 죽은 물고기나 물범은 백상아리를 끌어들일 수 있다.
2. c) 전문가들은 노란색을 '냠냠 노란색'이라 부른다. 상어가 유달리 이 색을 좋아하는 것 같기 때문이다. 상어는 줄무늬 수영복을 줄무늬가 있는 물고기로 착각할 수 있다. 갑옷은 나쁜 선택이다. 상어가 잘 감지하는 전류가 발생할 수 있기 때문이다. 또 갑옷을 입었다간 물속으로 꼬로록 가라앉아 다시 나오기 힘들 것이다. 그렇지만 상어를 연구하는 과학자들은 작은 상어의 공격을 막기 위해 일종의 쇠사슬 갑옷을 입는다.
3. a) 샴푸에는 라우릴황산나트륨이 들어 있는데, 이 성분 때문에 샴푸가 상어 입속에 들어가면 상어가 기겁을 하고 달아난다. 폭탄은 상어에게 부상을 입혀 더 위험하게 날뛰게 할 수 있다. 1950년대에 미국 과학자들은 상어와 싸우도록 돌고래 시모를 훈련시켰지만, 시모는 자기보다 더 큰 상어를 만나면 겁을 먹고 달아났다. 시모가 아주 현명한 판단을 내린 것 같구먼, 뭐.
4. c) 서프보드는 밑에서 보면 물범처럼 보이기 때문에 상어의 공격을 받기 쉽다. 미국 과학자 피터 클림리(A. Peter Klimley)가 한 실험 결과에 따르면, 상어는 양을 먹지 않는다. 어쨌든 양을 가져가는 것은 멍청한 생각이다.
5. b) 일단 상어가 공격을 해 오면, 죽을힘을 다해 맞서 싸우는 수밖에 없다.

여러분이 얻은 점수 평가:

5점: 충분히 살아남을 수 있다! 상어의 공격에 대비해 정확하게 어떻게 해야 하는지 잘 알고 있다. 여러분이 상어 밥이 될 가능성은 거의 없다!

3~4점: 조심하라! 몇 가지 실수를 저질렀으니, 팔이나 다리가 잘려 나갈지 모른다!

1~2점: 언제 사고가 일어날지 모른다. 항상 두 눈을 부릅뜨고 다녀라!

0점: 구제불능. 아니, 이미 죽었을지도 모른다.

★ 요건 몰랐을걸!

1. 1957년, 흉포한 상어의 공격이 잇따르자 남아프리카 공화국 정부는 전함을 동원해 수중 폭탄을 발사하라고 명령했다. 그렇게 하면 상어에게 큰 충격을 줄 수 있으리라고 판단했겠지. 그러나 그것은 아무 효과가 없었다. 그 후에도 상어의 공격은 계속되었으니까.

2. 상어와 싸우는 이야기가 나온 김에 재미있는 이야기를 하나 더 하자면, 옛날 하와이에서는 죄수들을 굶주린 상어와 싸우게 했다. 무기는 달랑 상어 이빨 하나! 상어 이빨 대 상어 이빨의 싸움이라, 정말 처절한 결투가 되지 않았을까?

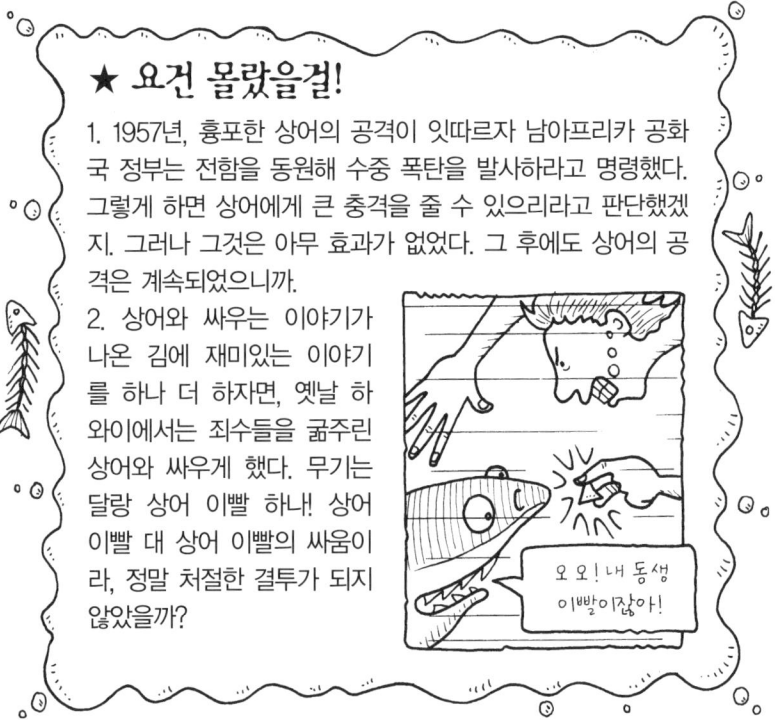

여러분이 은밀하게 상어를 연구하는 과학자이건 상어 공포증 환자이건 간에, 상어가 세상에서 가장 잔인한 동물 선발 대회의 유력한 우승 후보라는 데에는 다른 의견이 없을 것이다. 그렇지만 잠깐만, 또 다른 후보를 살펴보자.

현상 수배: 흉악무도한 범죄자

붉은배피라니아

마지막 목격 장소: 남아메리카의 강. 불과 몇 분 만에 다른 동물의 살을 발라내 뼈만 남겨 놓는 엽기적인 살인마이다. 물이 말라 가는 호수에 갇혀 있을 때에는 특히 미쳐 날뛴다.

알려진 친구: 피라니아 중 몇몇 종은 채식주의자이다.

조심하라! 피라니아는 아주 흉포하고 위험한 물고기이다. 그러니 어떤 일이 일어날까 하는 호기심에 강물 속에 발가락을 담그는 짓은 절대로 하지 마라! 또 애완용 금붕어에게 친구를 만들어 준다고 피라니아를 집으로 데려와 어항에 집어넣는 짓도 절대로 하지 마라!

이전의 금붕어   이후의 금붕어

어때? 물속에서 다른 동물의 가죽과 살점을 순식간에 발라내 먹어치우는 이 엽기적인 살인마를 만났다고 상상해 보라! 피라니아야말로 세상에서 가장 무서운 동물 후보로 손색이 없지 않을까? 어, 그런데 심사 위원들의 생각은 다른 것 같군!

> **세상에서 가장 잔인한 동물 선발 대회**
> **심사 위원단의 판정**
>
> 피라니아는 그렇게 잔인하지 않다. 사실 은, 피라니아는 나약한 동물이다.
> 1. 피라니아는 그림자를 무서워한다.
> 2. 피라니아가 발가락을 한두 개 물어 씹을 수는 있다. 그러나 피라니아가 사람을 죽였다는 증거는 없다. 따라서 피라니아는 이 대회에 참가할 자격이 없다.

아, 그럼 강물로 들어가도 괜찮겠군, 하고 여러분이 안심하는 찰나, 강 속에서 불쑥 솟아나오는 저 흉측한 머리는 뭐야?

다음 페이지에 손을 댈 때 어디에 손을 대야 할지 조심하라!

악랄한 악어

이번에 등장하는 동물을 만나고 나면, 이제 여러분은 평생 동안 강에는 얼씬도 하고 싶지 않을걸! 이 동물이 도사리고 있는 강에 가까이 갔다간 여러분이 이 세상에 머무는 시간이 5분 만에 끝날지도 모른다! 정말이다! 믿어지지 않으면 악어에 관한 무시무시한 사실을 읽어 보라.

진상 조사 X-파일

이름: 나일악어

종류: 파충류

무시무시한 특징:

붙잡힌 동물이 발길질을 하더라도 단단한 위턱은 악어의 물렁물렁한 뇌를 보호해 준다.

악어도 심장이 있다. 여러분 것과 별로 다르지 않은 것이!

쿵쾅 쿵쾅!

비늘로 된 방수 가죽

X선 사진

와작!

방수 껍데기로 둘러싸인 알

코와 귀, 목에는 구멍을 막을 수 있는 뚜껑 같은 게 있어 흙탕물이 들어오지 못하게 한다. 악어는 입술이 없어 입을 꽉 다물 수 없기 때문에 이것은 아주 중요하다.

강한 꼬리는 사슴의 다리도 부러뜨릴 수 있다.

식성: 물고기, 포유류, 새를 비롯해 씹을 수 있는 것이라면 무엇이건 먹어치우는 육식 동물이다. 악어는 먹이를 일주일에 한 번만 먹으면 충분하다. 그럴더라도 여전히 사람을 죽일 수 있다.

악어에게 죽는 사람의 수: 연간 수백 명

사는 곳: 아프리카와 마다가스카르 섬의 강과 호수

몸길이: 최대 4.88m. 나이를 먹을수록 몸집은 더 커지지만, 다행히도 나이가 들면 이빨이 빠진다. 그렇지만 이가 없으면 잇몸으로도 여러분을 집어삼킬 수 있다.

★ 요건 몰랐을걸!

대부분의 파충류는 목소리를 내지 못하지만, 악어는 낼 수 있다. 악어의 포효 소리는 멀리서 들려오는 천둥 소리 비슷하다. 하하! 이제 여러분은 천둥 소리에 떨어야 할 이유가 하나 더 생겼다!

으스스한 악어 친척들

기쁜 소식 하나! 대부분의 악어 종은 사람을 절대로 공격하지 않는다고 한다. 나쁜 소식은 그중 일부는 전혀 거리낌 없이 사람을 공격한다는 것!

이름: 앨리게이터

몸길이: 수컷은 최대 3.66m까지 자란다.

사는 곳: 남아메리카, 중앙아메리카, 미국 남부, 중국

위험성: 아메리카에 사는 미시시피악어는 비교적 안전한 편이다. 미국에서 미시시피악어에게 죽는 사람의 수는 일 년에 한 명 정도에 지나지 않는다. 그렇다고 해서 완전히 안전한 것은 아니다. 설마 미시시피악어가 살고 있는 강에서 수영을 하면서 무사하길 바라지는 않겠지?

이름: 소만악어(바다악어라고도 함)
몸길이: 최대 6m까지 자란다.
사는 곳: 남아시아와 오스트레일리아를 포함한 태평양 지역의 강과 해안 지역. 심지어 육지에서 970km 떨어진 곳에서도 발견되었다.
위험성: 자신이 사는 강을 자신의 고유 영토로 여겨 무단 침범하는 사람이 있으면 먹어치운다. 오스트레일리아에서만 일 년에 2명이 희생되었고, 나머지 지역에서는 더 많이 희생됐다.

차이점 찾기

아래의 두 그림에서 서로 다른 곳 세 군데를 찾아보라.

> 답:
> 악어류는 크게 크로커다일과 앨리게이터로 나누는데, 그 차이점은 다음과 같다.
> 1. 크로커다일은 주둥이가 더 뾰족하다.
> 2. 크로커다일은 턱 양 옆쪽에 삐죽 튀어나온 아랫니가 있다.
> 3. 크로커다일은 알을 모래 둥지에 묻는다. 앨리게이터는 썩어 가는 식물로 둥지를 만든다.

크로커다일의 눈물겨운 어린 시절

이제 여러분의 눈물을 쏙 빼놓을 아주 슬픈 이야기를 들려주겠다.

몇 년 전에 크로커다일을 연구하는 과학자들은 어미가 새끼를 극진히 돌본다는 사실을 알아냈다. 그렇다! 크로커다일은 생긴 것과는 달리 아주 자상한 엄마이다.

엄마 크로커다일은 알을 60개 정도 낳아 묻은 뒤에 그 주변을 떠나지 않고 새끼가 깨어날 때까지 석 달 동안이나 기다린다. 이것은 새끼의 안전을 위해 아주 중요한데, 도마뱀, 새, 원숭이를 비롯해 많은 동물은 악어 알 오믈렛을 아주 좋아하기 때문이다. 그래서 엄마 크로커다일이 섬뜩한 눈을 번뜩이며 둥지를 지킨다.

알에서 깨어날 때가 되면 귀여운 새끼 크로커다일은 엄마를 부르는 울음소리를 낸다. 엄마는 그 소리를 듣고 새끼를 모래 속에서 조심스럽게 파낸다. 그리고 커다란 입으로 새끼를 물고는 강으로 데려간다. 이 얼마나 감동적인 모성애인가! 그러나 현실은 늘 아름답기만 한 것은 아니다. 실제로는 알에서 깨어난 새끼 크로커다일 중 대부분은 도마뱀이나 물고기, 뱀 또는 다른 크로커다일에게 잡아먹히고 만다. 알에서 깨어난 새끼 중 99%는 어른 때까지 살아남지 못한다.

★ 요건 몰랐을걸!

1. 앨리게이터도 크로커다일과 비슷한 방식으로 새끼를 돌보지만, 새끼를 앨리게이터 구멍이라 부르는 특별한 물웅덩이로 데려간다. 그곳은 새끼에게 아주 안전한 곳이다.
2. 앨리게이터는 둥지를 몇 년이 지나도록 계속 다시 사용하는데, 그러다 보면 둥지는 점점 습지에 떠 있는 섬처럼 변해 간다. 이 섬에 나무가 자라고, 그 나무에 백로가 둥지를 짓는다. 어미 앨리게이터는 다른 동물이 그 둥지에 접근하지 못하게 쫓는다. 그리고 그 보답으로 새끼 새가 둥지에서 떨어지면 그것을 간식으로 냠냠 먹어치운다.

크로커다일과 앨리게이터는 보기만 해도 아주 무시무시하기 때문에, 악어 치과 의사가 되려는 사람은 아무도 없을 것이다. 그러나 기꺼이 그 일을 하겠노라고 나선 얼빠진 동물학자가 있었다.

찰스 워터턴(Charles Waterton, 1782~1864)은 당시의 박물학자들과는 달리 여행자에게서 동물에 관한 이야기를 듣는 것만으로는 만족하지 않았다. 그는 자연 서식지에서 살아가는 동물의 모습을 직접 보고 싶었다. 괴짜 워터턴은 카이만(앨리게이터의 친척)과 레슬링을 하는 걸 즐기기도 했다. 그러나 그는 과연 모든 사람이 말하는 것처럼 괴상한 사람이었을까?

월간 굿바이

916년 7월 12일

괴짜 박물학자 인터뷰
특파원 낸들 알게소 씀

괴짜 박물학자 찰스 워터턴에 관한 소문은 나도 많이 들었다. 그중에는 나를 불안하게 만드는 것도 많았다. 그의 한 친구는 "조심하게. 그는 개처럼 행동하기도 하니까."라고 경고했다. 그것은 농담이 아니었다. 내가 집에 들어가자마자 워터턴은 장난을 치기 시작했다.

낸들: 만나서 반갑습니다, 선생님… 으아악! 내 다리!

워터턴: 크르르! 왈왈! 으르렁! 깨갱!

내가 워터턴을 걷어차자, 워터턴은 강아지처럼 깨갱거리기 시작했다. 잠시 후, 정상을 회복한 워터턴은 나를 점심 식사 자리로 안내했다. 나온 것은 빵과 물뿐이 다였다 (그는 이것들만 먹고 산단다). 그렇지만 나는 별로 먹고 싶은 생각이 없었다. 왜냐하면 식탁 위에 고릴라 시체가 떡하니 누워 있었기 때문이다!

낸들: 저 고릴라는 식탁에서 뭘 하고 있나요?

워터턴: 해부를 하는 중이죠. 고릴라의 간을 보고 싶지 않나요?

낸들: (새파랗게 질려) 오, 아뇨, 됐어요. 전 간 싫어합니다.

점심 식사가 끝난 후, 워터턴은 내게 집을 구경시켜 주면서 죽은 동물들에서 잘라낸 신체 부위를 결합해 만든 괴물들을 보여 주었다.

그 다음에는 나를 높은 담 위로 올라오게 하더니 계속 높은 곳으로 데려갔다. 인터뷰는 높은 나무에서 계속되었다.

낸들: 이 나무 위에서 뭘 할 생각인가요?

워터턴: 나는 새를 관찰하고, 땅 위의 야생동물을 보기 위해 이곳에 올라와요. 나는 새들과 대화를 나누는 걸 좋아하죠.

119가 출동하여 나를 나무에서 구조한 뒤에 다시 지상에서 인터뷰가 계속 되었다.

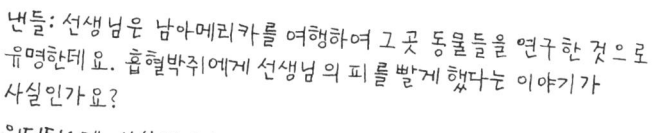

낸들: 선생님은 남아메리카를 여행하여 그곳 동물들을 연구한 것으로 유명한데요. 흡혈박쥐에게 선생님의 피를 빨게 했다는 이야기가 사실인가요?

워터턴: 예, 사실입니다. 그런데 그 박쥐들은 나를 물려고 하지 않았어요. 대신에 살을 파먹는 벌레들이 적극적으로 협조해 주었지요. 벌레들이 내 살을 파고 들어올 때 느낌이 어땠는지 자세히 기록해 두었어요.

낸들: 그 벌레들이 지긋지긋했겠군요?

워터턴: 아뇨. 사실은 아주 흥미로웠어요.

낸들: 그런데 남아메리카에서 카이만을 한 마리 잡았다면서요?

워터턴: 나는 카이만을 가까이에서 관찰하고 싶었어요. 그래서 1819년에 원주민에게 돈을 주고 미끼로 쓸 쥐를 한 마리 잡아 달라고 부탁했어요. 그러나 카이만은 쉽사리 잡혀 주려 하지 않았고, 아무도 가까이 다가가려고 하지 않았지요.

낸들: 그래서 선생님이 직접 나섰군요?

워터턴: 카이만을 잡는 것은 별로 어렵지 않았어요. 어떻게 잡았느냐 하면, 아, 직접 보여 주는 게 좋겠군요.

그러더니 워터턴은 내게 악어처럼 엎드려 보라고 했다.

49

내가 바닥에 엎드리자, 그는 내 등으로
올라타더니 내 팔을 뒤로 꺾었다.

낸들: 아악! 항복, 항복!
제발 놔 줘요!

워터턴: 자, 이제 그게
얼마나 쉬웠는지
알겠지요? 아, 잠깐만!
몸이 좀 가려워서.

갑자기 워터턴은 내 등에서 뛰어
내리더니, 큰 발가락으로 자기 뒤통수를 긁기 시작했다. 그러고
나서 그는 바지 멜빵을 이용해 거대한 뱀을 어떻게 잡았는지
보여 주겠다고 했다.
그는 몇 시간 뒤에야 나를 풀어 주었고, 나는 필사적으로
탈출했다. 워터턴에 관한 소문은 모두가 사실이며, 워터턴은
정말 돌아이임을 다시 한 번 강조하면서 보고를 마친다.
아, 이제 긴 휴가가 필요해!

하하, 물론 낸들 알게소 기자는 내가 지어 낸 인물이다. 그렇지만 워터턴에 관한 괴상한 이야기는 전부 사실이다.

★ **요건 몰랐을걸!**

1. 찰스 워터턴은 최초로 자신의 정원을 자연 보호 구역으로 만든 사람이다. 워터턴의 정원에서는 쥐를 제외하고는 어떤 동물도 해칠 수 없었다.

2. 동물들도 자신을 아끼는 워터턴을 좋아한 것처럼 보인다. 그가 죽어서 관을 무덤으로 운반할 때 새들이 그 뒤를 따랐다는 이야기가 전설처럼 전해 온다. 엉, 뭐라고? 아니다! 시체를 쪼아 먹으려고 따라온 게 아니라니까!

그렇지만 악어와 레슬링을 하는 것은 절대로 현명한 짓이 아니다. 만약 여러분이 다음에 소개하는 유명한 악어들과 레슬링을 하려고 했다간 소중한 신체 일부를 영원히 잃을지도 모른다.

가장 잔인한 악어 선발 대회

이름: 스위트하트(거대한 육식 파충류의 이름으로는 어울리지 않지만, 계속 읽어 보면 왜 이런 이름이 붙었는지 알 수 있다.)

사는 곳: 오스트레일리아의 스위트 룩아웃 빌라봉(이제 그 이유를 알겠지?)

섬뜩한 버릇: 보트에 붙은 모터 물어뜯기

최후: 스위트하트는 보트를 물어뜯는 것 말고는 아무에게도 해를 입히지 않았지만, 과학자들은 이 소만악어를 사람들이 사는 곳에서 멀리 옮겨 놓기 위해 기절시키려다가 그만 죽이고 말았다.

이름: 솔로몬

사는 곳: 오스트레일리아의 야생동물 공원

섬뜩한 버릇: 먹는 것과 햇볕 쬐기

최후: 1997년 어느 날, 야생 동물 공원 관리자 카를라 브레이들은 이 소만악어를 관광객들에게 보여 주고 있었는데, 솔로몬은 방심하고 있던 카를라의 다리를 꽉 물었다. 카를라의 아버지(야생 동물 공원의 책임자)가 솔로몬의 눈을 계속 찔러 대자 마침내 솔로몬은 카를라를 놓아 주었다. 솔로몬이 늙고 이빨이 얼마 없었던 게 천만 다행이었다. 그래서 카를라는 "악어에게 물려야 한다면, 나는 솔로몬을 택하겠어요."라고 말했다지.

솔로몬은 뜻을 못 이루어 실망이 컸을 것이다. 그렇지만 카를라의 아버지는 솔로몬을 죽이라는 사람들의 요구를 거절했다. "솔로몬은 뼈가 들어 있는 것은 어떤 것도 물려고 하지 않아요."라고 말하면서. 아, 물론 그의 딸은 빼고 말이다!

이름: 크웨나

사는 곳: 아프리카 보츠와나의 오카방고 습지

섬뜩한 버릇: 염소(그리고 사람도)

잡아먹기

최후: 1958년에 길이가 5.8m나 되는 크웨나를 잡아 죽였을 때, 그 위 속에는 염소 두 마리, 당나귀 반 마리, 여자 절반이 들어 있었다.

이제 1위에 바짝 다가왔다. 그러나 그 전에……

이름: 부장 세낭

사는 곳: 보르네오 섬 사라와크의 루파르 강

섬뜩한 버릇: 축구공과 사람 잡아먹기(솔직히 말하자면, 이 악어가 축구공을 좋아하는지는 확실치 않다. 그러나 현지의 한 축구팀은 이 무시무시한 악어의 이름을 따 팀 이름을 지었다.)

최후: 1980년대와 1990년대에 이 교활한 악어는 사람을 수십 명이나 잡아먹었지만, 사냥꾼들의 추적을 교묘하게 따돌렸다. 한 주술사는 이 악어를 잡으려고 주술까지 썼지만, 아무 소용이 없었다고 한다.

그리고 드디어 대망의 1위는 정말로 거대한…….

이름: 구스타브
사는 곳: 아프리카의 부룬디

섬뜩한 버릇: 하마를 위협하고, 사람 잡아먹기

운명: 공포에 질린 현지 주민들은 무게가 1t이나 나가는 이 거대한 악어가 사람을 300명 이상 잡아먹었다고 말한다. 2003년 3월, 여러 나라의 과학자들로 이루어진 팀이 거대한 우리와 용수철 덫을 사용해 이 악어를 잡으려고 했다. 그러나 교활한 구스타브는 덫을 교묘하게 피해 다녔다. 그러다가 어느 날 갑자기 사라져서는 다시는 나타나지 않았다. 병들거나 늙어서 죽은 걸까, 아니면 외계인에게 납치된 것일까?

어때, 교활하고 잔인한 악어의 공격에 관해 더 자세한 사실을 알고 싶지 않은가? 그렇다면 흥미진진한 퀴즈를 통해 그것을 알아보자. 내 친구인 정직한 너스레 씨가 여섯 가지 사실을 이야기할 것이다.

그러나 조심하라! 너스레 씨의 이야기는 진실과 거짓이 교묘하게 섞여 있다. 여러분은 너스레 씨의 이야기에서 어디까지가 진실이고, 어디부터가 거짓인지 알아챌 수 있을까? 자, 그럼 시작해 봐요, 너스레 씨!

정직한 너스레 씨의 '믿거나말거나' 퀴즈

진실일까 거짓일까?

1. 2001년에 플로리다 주의 한 앨리게이터는 살아 있는 말을 잡아먹으려고 했다!
2. 2001년에 오스트레일리아에서 야영을 하던 한 남자는 잠을 자다 깨어 보니, 악어가 옆에 누워 있었다!
3. 2002년에 아프리카의 한 악어는 사람에게 물렸다!
4. 2004년에 한 무리의 어린이들은 앨리게이터와 함께 버스를 타고 학교로 갔다!
5. 2005년에 한 선생은 화장실에서 앨리게이터의 공격을 받았다. 그 앨리게이터는 하수도에서 살고 있었다!
6. 2005년에 과학자들은 날개가 달려 있는 악어 화석을 발견했다!

답:
1. **진실**. 다행히도 그 말은 부상에서 살아남았고, 그 이후에도 정상적으로 살아갔다고 한다.
2. **진실**. 교활한 크로커다일은 그 남자의 침낭 속으로 기어 들어갔지만, 남자의 동료가 겁을 주어 쫓아 버렸다.
3. **진실**. 맥 보스코 차윙가(Mac Bosco Chawinga)라는 남자는 악어에게 붙잡혔으나, 그 주둥이를 물어뜯어 탈출하는 데 성공했다. 불쌍한 악어!
4. **진실**. 어린이들은 앨리게이터를 천으로 묶어서 데려갔지만, 선생님들은 기겁을 하며 달아났을 것이다.
5. **거짓**. 앨리게이터는 하수도에 살지 않는다. 다만, 비가 많이 내리면 불어난 물에 휩쓸려 하수도로 올라올 수는 있다.

6. **거짓.** 날개가 달린 악어는 존재한 적이 없다. 오, 맙소사! 그게 진실이라고 믿었단 말이야?

잔인한 파충류에 관한 이 모든 이야기를 듣다 보면, 한 가지 의문이 떠오를 것이다. 악어는 정확하게 어떤 방식으로 사람을 공격할까? 설마 여러분은 그 자세한 이야기를 듣고 싶진 않겠지? 그것은 정말로 섬뜩한 이야기라니까!

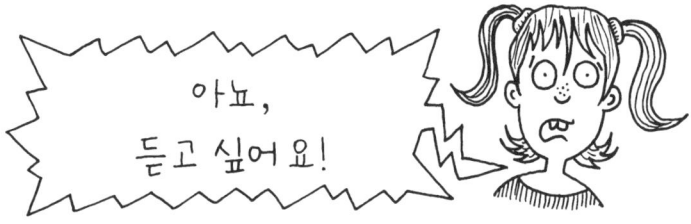

정 그렇다면 좋다. 어쨌든 설레발 씨가 그걸 알아보려고 나설 것 같은 불안한 예감이 든다.

설레발 씨의 모험: 악어의 습격!

오, 저런! 아무래도 크게 다칠 것 같은데! 오스트레일리아의 야생 동물 공원 관리인 찰리 핀은 소만악어의 공격을 받아 팔을 물렸다. 그는 나중에 이렇게 말했다. "뼈가 우두둑 부러지는 소리가 들렸어요. 정말 소름끼치는 순간이었지요."

악어는 죽음의 회전을 시작했지만, 다행히도 찰리의 팔을 놓아 주었다.

이것은 과학적으로 아주 흥미로운 사건이기 때문에, 설레발 씨가 병원에서 치료를 받고 있는 동안 공격을 한 악어에게 먹이를 사냥하는 습성에 대해 물어 보기로 하자.

악어의 식사 시간

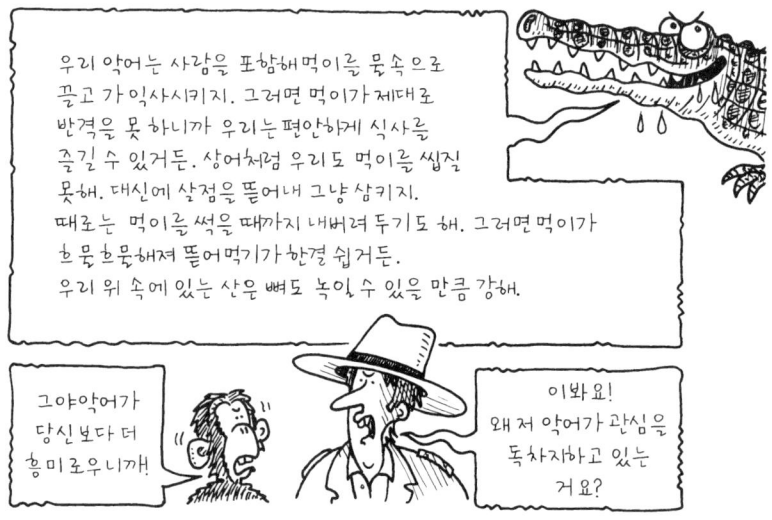

이번에는 여러분이 식사 시간 전에는 절대로 읽고 싶어 하지 않을 징그러운 이야기를 들려주겠다. 한 희생자는 악어에게 물렸지만, 완전히 죽지 않고 살아 있었다. 그리고 악어가 그를 썩도록 잠시 내버려 둔 틈을 타 탈출하는 데 성공했다.

그러나 악어에게 물려 간 대부분의 희생자는 죽음을 면치 못하며, 악어 배 속에서 강한 위산에 녹고 만다. 악어의 배를 갈랐을 때, 그 속에 남아 있는 것은 손가락과 발톱뿐인 경우가 많다. 이로써 악어는 자신의 발톱을 씹어 먹지 않는다는 사실이 증명되었다!

★ 요건 몰랐을걸!

어떤 사람들은 악어를 아주 좋아했다. 혹시 미친 것은 아니었을까?
1. 1860년대에 아프리카 바로체랜드의 리퉁가 시포파 왕은 처형당한 죄수의 시체를 악어에게 먹이는 걸 좋아했다.
2. 고대 이집트인은 악어를 숭배했고, 죽은 자들의 땅에서는 머리가 악어처럼 생긴 아무트라는 괴물이 나쁜 짓을 한 사람들의 심장을 씹어 먹는다고 믿었다. 아, 물론 산 자들의 땅에서는 악어들이 착한 사람들도 잡아먹었지만 말이다.

그렇지만 대부분의 사람은 아어를 그리 좋아하지 않는다. 그래서 많은 식인 악어가 사냥을 당해 죽어 갔고, 심지어는 먹히기까지 했다. 악어 고기 맛이 어떠냐고? 생선과 소고기 맛을 섞어 놓은 것 같다고 한다.

★ 요건 몰랐을걸!

1995년, 아프리카 카메룬에서는 악어 두 마리가 어린이들을 잡아먹었다는 혐의로 붙잡혔다. 사람들은 이 불쌍한 악어들을 사람처럼 옷을 입힌 뒤에(우스꽝스런 가발까지 씌워서) 산 채로 불태워 죽였다.

악어는 그 가죽 때문에 사냥을 당해 신발이나 핸드백이 되는 경우가 많다. 1960년대에 이르러 미국에 사는 앨리게이터는 사냥꾼들의 손에 거의 사라지다시피 했다. 그렇다면 세상에서 가장 잔인한 동물 선발 대회에서 악어를 탈락시켜야 할까? 악어가 사람에게 위험하다기보다는 사람이 악어에게 훨씬 위험한 것은 아닐까?

음, 어쨌든 다음 참가 선수를 살펴보자.

진상 조사 X-파일

이름: 코모도왕도마뱀
종류: 파충류(좀 더 세부적으로는 왕도마뱀과에 속한다)
식성: 육식 동물. 이빨을 박아 넣을 수 있는 것이면 무엇이든 먹는다. 특히 멧돼지와 사슴을 좋아하지만, 사람도 가리지 않는다.
코모도왕도마뱀에게 죽는 사람의 수: 몇 년에 한 번씩 관광객을 잡아먹는다.
사는 곳: 코모도 섬을 비롯해 인도네시아의 여러 섬.
몸길이: 약 2.6m
무시무시한 특징:

★ 요건 몰랐을걸!

왕도마뱀은 코모도왕도마뱀 외에도 43종이나 있지만, 그중에서 사람을 해치는 것은 하나도 없다. 그러나 발리 섬에서는 사람이 죽으면 그 시체를 물왕도마뱀이 먹어치우도록 하는 게 전통이다.

그렇다면 코모도왕도마뱀은 악어보다 더 잔인할까? 심사 위원단의 판정을 기다리는 동안 코모도왕도마뱀에 대해 궁금한 점을 알아보기로 하자. 이걸 읽어 보면, 코모도왕도마뱀은 자신의 종족끼리도 끔찍한 짓을 서슴지 않는다는 사실을 알 수 있을 것이다!

일간 코모도왕도마뱀 신문

고민 상담란

말 못 할 고민으로 끙끙 앓고 있나요?
더 이상 고민하지 말고 동물 고민 상담
해결사 왕고모도마뱀에게 물어 보세요!

아빠
엄마

왕고모님!
전 아기 코모도왕도마뱀인데, 심각한
고민이 있어요. 제 부모는 입 냄새가
끔찍해서 도저히 같이 살 수가 없어요.
뿐만 아니라, 틈만 나면 날 죽이려고
해요. 어떻게 해야 하나요?

— 삐약이가

삐약아, 네 문제는 지극히 정상적인 거란다. 코모도왕도마뱀은 누구나 자기 새끼라 하더라도 일단 둥지를 떠나면 잡아먹으려고 한단다. 역겨운 입 냄새 문제는… 음, 우리의 건강에 좋은 거란다. 그건 우리 입속에 역겨운 세균이 많이 살기 때문인데, 우리가 이빨로 먹이를 한 번 콱 물기만 해도 먹이에 세균들이 들어가 결국 세균 감염으로 죽게 만드니 말이다. 나중에 그 썩는 냄새를 맡아 시체를 찾아갈 수도 있어 (코모도왕도마뱀이 양치질을 하지 않는 건 이 때문이란다).

덧붙이는 말: 부모에게 잡아 먹히기가 싫다면 나무 틈에 숨거나 똥에다 몸을 굴리도록 해 보렴. 역겨운 똥 냄새 때문에 부모가 고개를 돌릴 거야. 난 그 방법이 통했단다!

왕고모님, 안녕하세요? 전 이때까지 다른 코모도왕도마뱀과 식사를 같이 한 적이 한 번도 없어요. 그런데 우리가 함께 식사를 할 수도 있다고 하는군요. 제가 알아 두어야 할 식사 예절 같은 게 있나요?
— 어벙이가

어벙이에게
식사 예절이라고? 설마 농담이겠지? 그냥 창자부터 시작해 이것저것 가리지 말고 빨리 먹으면 된단다. 나는 특히 잘 썩은 사슴 고기를 구더기에 곁들여 먹는 걸 좋아해. 만약 구더기가 취향에 맞지 않으면, 혀로 핥아 고기에서 걷어 내면 된단다. 만약 코 속으로 기어 들어온다면, 재채기를 해 날려 보내면 돼! 그럼 식사 맛있게 하렴!

죽은 들소 고기 뷔페식당!
우리 식당의 고기는 100% 썩은 것만 씁니다!

10분 안에 먹는 것은 모두가 공짜! 덤으로 살아 있는 구더기도 드림!

주의 사항: 10분이 지나고 나면 다른 코모도왕도마뱀이 나타나 여러분을 먹어치울 수도 있습니다!

으윽! 이만하면 코모도왕도마뱀은 충분히 잔인한 동물로 보인다! 그러나 심사 위원들의 생각은 좀 다른 것 같다.

> **세상에서 가장 잔인한 동물 선발 대회**
> **심사 위원단의 판정**
>
> 비록 코모도왕도마뱀은 사람을 죽이지만, 이 대회에 참가할 수 있을 만큼 충분히 많은 사람을 죽이진 않는다.
> 따라서 코모도왕도마뱀은 참가 자격이 없다!

음, 코모도왕도마뱀에게는 아주 실망스러운 판정이고, 악어에게는 기쁜 소식이 되겠다. 그러나 과연 악어는 우승 트로피를 차지할 만큼 충분히 잔인한 동물일까? 대회는 갈수록 열기를 더해 가고 있다. 다음 장에 등장할 동물을 기대하라! 이 미끌미끌한 동물은 절대로 믿어서는 안 된다! 이 동물은 바로 풀밭 사이로 기어 다니는 뱀이다!

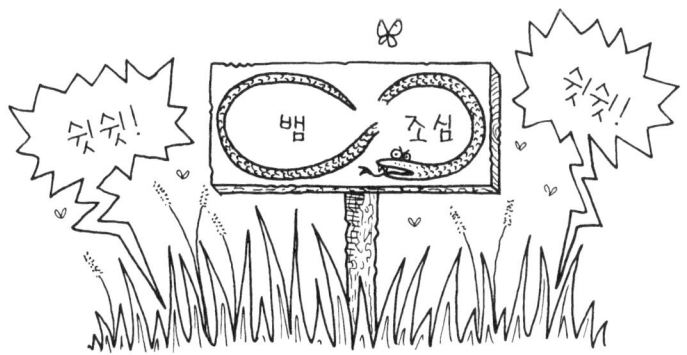

비열한 뱀

쉿! 귀를 쫑긋 세워 잘 들어 보라. 이 장을 읽는 동안에는 시끄럽게 굴지 않는 게 좋을 것이다. 이 장에는 지구 상에서 가장 무서운 뱀들이 나오기 때문이다. 여러분이 만약 조금이라도 시끄럽게 굴어 뱀의 비위를 거스른다면, 다음 순간 여러분은 뻣뻣하게 굳은 시체로 누워 있을 것이다. 그러니 부산 떨지 말도록, 알았지?

마침 정직한 너스레 씨가 뱀에 관한 어린이책을 쓰고 있는데, 자기 말로는 베스트셀러는 따 놓은 당상이라고 한다. 그런데 너스레 씨의 책에는 진실만 적혀 있는 게 아니다. 거짓말이 최소한 다섯 군데는 있는데, 여러분은 그것을 찾아 낼 수 있을까?

어린이를 위한
뱀에 관한 모든 것
정직한 너스레 씨

이 책의 추천사
"이 책은 대단한 천재성이 발휘된 놀라운 작품입니다."
- 정직한 너스레씨
(저자와 아무 관계없음)

제1장 뱀의 종류

뱀! 으윽, 생각만 해도 소름이 돋는다. 독사는 사람을 물고 잡아먹길 좋아한다. 이 책은 뱀이 얼마나 무서운 동물인지 알려 줄 것이고, 오로지 진실만을 말할 것이다(아마도). 사람에게 치명적인 뱀은 수천 종이 있는데, 여기에 가장 무서운 뱀을 몇 종 소개한다.

1. 코끼리를 잡아먹는 뱀

이 뱀은 강물 속에 숨어 있다가 코끼리가 물을 마시러 오면 코를 물어뜯는다. 뱀은 치명적인 독으로 코끼리를 죽인 뒤 그 피를 빨아먹지만, 때로는 코끼리가 쓰러질 때 그 밑에 깔려 죽기도 한다. 이런 걸 유식한 말로 인과응보라 하지!

2. 후프뱀

미국에 사는 이 뱀은 자기 꼬리를 물고 몸을 둥글게 말아 후프처럼 굴러간다. 이 뱀의 돌진은 막을 길이 없! 이 뱀을 보니 "세상은 돌고 돈다."라고 한 할머니의 말씀이 생각난다.

3. 채찍뱀

만약 후프뱀의 공격에서 무사히 살아남았다면, 채찍뱀이 여러분의 숨통을 끊어 놓을 것이다. 미국에 사는 이 뱀은 말보다 더 빨리 달린다! 그리고 여러분을 붙잡으면 몸을 친친 감은 뒤, 여러분이 죽을 때까지 꼬리로 채찍질을 해 댄다.

얘들아, 내 말을 믿어라. 뱀을 만났을 때 최선의 행동은 뱀이 여러분을 물어 죽이기 전에 먼저 뱀을 끽소리도 못하게 죽이는 것이란다. 그렇지만 조심해야 해. 그 짝이 여러분에게 복수를 하려 들 테니까!

오, 이럴 수가! 나는 오리발 씨가 쓴 《선생님은 학생들을 무한히 사랑하신다》라는 책 이후로 이 책만큼 거짓말로 가득 찬 책은 본 적이 없다. 여러분은 그 거짓말들을 발견했는가? 정직한 너스레 씨의 책을 다시 한 번 꼼꼼히 읽으면서 확인해 보라.

답:
첫 번째 거짓말: "독사는 사람을… 잡아먹길 좋아한다." 독사는 사람을 먹지 않는다. 턱이 너무 작아 우리를 통째로 삼킬 수도 없고, 그 이빨로는 살을 뜯어먹을 수도 없다. 독사는 대부분 쥐나 새 같은 작은 동물을 잡아먹는다.
두 번째 거짓말: "치명적인 뱀은 수천 종이 있는데…" 뱀의 종류는 2,500종이 넘지만, 그중에서 사람에게 치명적인 뱀은 겨우 50여 종뿐이다.
세 번째 거짓말: "코끼리를 잡아먹는 뱀". 로마 시대의 작가 플리니우스(Plinius, 23~79)가 이 뱀에 관한 이야기를 썼지만, 그런 뱀은 실제로는 없다. 그리고 피를 빨아먹는 뱀도 없다.
네 번째 거짓말: '후프뱀'은 19세기에 영국에서 만들어진 전설이다. 이런 식으로 이동하는 뱀은 하나도 없다.
다섯 번째 거짓말: '채찍뱀'은 실제로 존재하지만, 보통 뱀과 같은 방법으로 공격한다. 꼬리를 채찍처럼 휘두르는 뱀은 없으며, 말보다 더 빨리 달리는 뱀도 없다. 채찍뱀은 어린이보다도 빨리 달리지 못한다.
보너스 점수: 좀 더 수준 높은 다음 거짓말을 발견한 사람에게는 보너스 점수를 주겠다.
- "독사는 사람을 물고 잡아먹길 좋아한다." 이건 사실이 아니다. 대부분의 독사는 사람을 피하려고 하며, 자신이 공격을 당한다고 느끼거나 알을 보호할 때에만 공격할 뿐이다.
- "그 짝이 여러분에게 복수를 하려 들 테니까!" 뱀은 복수 같은 것 모른다. 게다가 자신의 짝을 누가 죽였는지 어떻게 알겠는가?

우리는 정직한 너스레 씨에게 책에 실린 거짓 정보에 대해 물어 보려고 했으나, 그는 멀리 페루로 휴가를 떠났다고 한다. 어쨌든 정직한 너스레 씨의 책은 뱀에 대해 사람들이 흔히 오해하고 있는 사실들을 단적으로 보여 준다.

자, 이제부터 우리는 진짜 독사들의 비밀을 살펴볼 것이다. 그렇지만 본격적으로 뱀을 만나기 전에 몸을 친친 감아 다른 동물을 졸라 죽이는 무시무시한 파충류를 만나 보기로 하자.

조르기의 명수

왕뱀(흔히 보아라 부르는)이나 비단구렁이를 비롯한 일부 뱀은 자기 몸으로 먹이의 몸을 친친 감아 죽인다.

설레발 씨는 미키에게 아프리카비단구렁이가 먹이를 어떻게 공격하는지 보여 주려고 한다. 그런데 어째 불안한걸! 조심해요, 설레발 씨!

설레발 씨의 모험: 비단구렁이의 조르기 공격

아무래도 얼른 안전한 곳으로 이동하는 게 좋을 것 같다. 이런! 기껏 옮겨 왔더니 이곳도 별로 안전하지 않은 것 같다!

진상 조사 X-파일

- **이름:** 킹코브라
- **종류:** 파충류
- **식성:** 육식 동물. 다른 뱀이나 도마뱀을 잡아먹는다.

킹코브라에게 죽는 사람의 수: 몇 년에 한 번씩 관광객을 잡아먹는다.

무시무시한 특징:

- 머리에 있는 독샘에서 독이 만들어진다.
- 유연한 턱은 먹이를 통째로 삼키기에 편리하다.
- 큰 동물을 만나면 겁을 주기 위해 목이 크게 부풀어 오른다.
- 껍데기가 방수 가죽처럼 생긴 알 (모든 뱀은 알을 낳지만, 일부 좋은 새끼가 알에서 깨어날 때까지 몸 속에 넣고 다니기도 한다).
- 히히! 원숭이 고기는 무슨 맛일까 궁금하네.
- 독니에서 독이 뿜어 나온다.
- 혀로 공기 중의 냄새를 맡는다.
- 몸은 땅을 통해 전파되는 음파를 감지한다 (뱀은 귀가 없다).

킹코브라에게 죽는 사람의 수: 모든 종류의 뱀에게 죽는 사람의 수는 일 년에 최대 6만 명에 이른다. 그중 상당수는 코브라에게 죽는다고 한다. 오, 맙소사!

사는 곳: 인도와 동남아시아

몸길이: 최대 5.6m까지 자란다.

★ 요건 몰랐을걸!

그래서 코브라야말로 정말로 무시무시한 동물이라고 생각하는가? 하하! 겨우 그것 가지고 엄살떨지 마라! 아직 살모사가 남아 있으니까. 살모사(방울뱀 같은)는 코브라와는 달리 머리에 열을 감지하는 구멍들이 있어 어둠 속에서도 여러분이 있는 곳을 알 수 있다. 그리고 속이 텅 빈 독니를 통해 훨씬 치명적인 독을 잔뜩 집어넣는다(코브라와 그 밖의 독사들은 이에 난 홈을 따라 독이 흐른다).

으스스한 친척들

여러분이 절대로 마주치고 싶어 하지 않을 독사 몇 종을 더 소개한다.

우산코브라뱀(12종)

몸길이: 최대 1.8m
사는 곳: 인도와 남아시아
위험성: 인도우산코브라뱀은 여러분이 잠자고 있을 때 침대로 스르르 기어드는 것을 좋아한다. 나쁜 소식은 이 뱀은 치명적인 신경독을 지니고 있다는 것! 부디 좋은 꿈 꾸길……

방울뱀

몸길이: 최대 2.4m(동부다이아몬드방울뱀)

사는 곳: 북아메리카

위험성: 방울뱀은 모두 29종이 있는데, 전부 독을 지니고 있다. 그렇지만 미국에서 방울뱀에 물려 죽는 사람의 수는 연간 15명 미만이다.

바다뱀

몸길이: 최대 0.9m

사는 곳: 인도양과 태평양

위험성: 잠수부를 쫓아가는 걸 좋아하지만, 사람을 무는 일은 드물다. 그렇지만 그 독은 모든 뱀 중에서 가장 강하다. 그 고통이 어떤지 한번 물려 보고 싶은가?

블랙맘바

몸길이: 최대 4.3m

사는 곳: 사하라 사막 이남의 아프리카

위험성: 블랙맘바에게 물리면 20분 안에 사망한다. 1970년대에 남아프리카 공화국의 뱀 전문가 잭 실은 블랙맘바 한 마리와 함께 작은 방에서 몇 주일을 지냈다. 그는 생존 비결을 묻자 빨리 움직이지 않는 것이라고 말했다. 거기 있는 동안 화장실이 급하지 않았기에 망정이지!

스피팅코브라

몸길이: 최대 2.5m

사는 곳: 사하라 사막 이남의 아프리카

위험성: 크게 위험하지는 않다. 그렇지만 그 독을 빼내 165명의 사람에게 주사하면, 모두 다 사망할 것이다. 특이하게도 이 뱀은 침을 뱉듯이 독을 뱉는다. 뭐 독이 피부에 묻는다고 해서 큰 해가 있는 것은 아니다. 그러나 나쁜 소식은 독이 눈에 들어가면 눈알이 녹아 버린다는 것. 더 나쁜 소식은 스피팅코브라는 바로 눈을 노리고 독을 뱉는다는 것! 정말로 나쁜 소식은 스피팅코브라가 명사수라는 것!

악, 더러워! 독을 뱉다니!

직접 해 보는 실험: 여러분은 스피팅코브라만큼 명사수일까?

준비물:

● 물총(반드시 물을 넣을 것! 절대로 독을 넣어서는 안 된다!)
● 눈알(여러분에게 남는 눈알이 없다면, 이걸 잠시 빌려 줄 테니 쓰도록 하라. 트레이싱페이퍼(투사지)에 이것을 옮겨 그린 다음, 마분지 위에 다시 그리도록.)
● 줄자

● 블루택(혹은 적당한 접착제)

> 서둘러! 내 눈알 도로 돌려 줘야지!

실험 방법:

1. 블루택을 사용해 눈알을 벽의 1.5m 높이에 붙인다.
2. 줄자로 벽에서 2.5m 되는 지점을 잰다.
3. 쪼그리고 앉아 물총을 쏘아 눈알을 맞힌다.

실험 결과:

아마도 생각처럼 눈알을 맞히기가 쉽지 않을 것이다. 그러나 스피팅코브라에게는 식은 죽 먹기나 다름없다.

여러분의 건강을 위한 경고!

이 실험에는 오로지 물총만 사용해야 한다. 절대로 스피팅코브라처럼 침을 뱉어서는 안 된다. 애완동물이나 선생님한테도 침을 뱉어서는 안 된다!

여러분 선생님은 혹시 파충류학자가 아닌가? 그렇다면 선생님은 코브라를 한 마리 기르면서 털이 보송보송 난 작은 동물(햄스터 같은)을 먹이로 줄지도 모른다. 그렇지만 다음에 소개하는 뱀에 관한 기묘한 비밀은 선생님도 잘 모르고 있을걸?

뱀에 관한 기묘한 비밀 일곱 가지

1. 아무리 무서운 선생님도 눈싸움에서 뱀을 이길 수 없다. 뱀은 아예 눈꺼풀이 없어서 눈을 깜박이지 않기 때문! 대신 투명한 비늘이 눈을 보호해 준다.

2. 가시가 많은 물고기를 삼켜도 바다뱀의 목에 가시가 걸리지 않는 비밀이 무엇인지 궁금하지 않은가? 나도 궁금하긴 마찬가지인데, 그냥 목구멍으로 우겨 넣어 삼키는 것으로 보인다.

3. 뱀 알도 먹을 수 있다. 비결은 부드러운 알을 고르는 것이다. 쭈글쭈글한 알에는 새끼 뱀이 들어 있을 가능성이 있고, 그 뱀에게 물리면 독이 옮을 수 있다. 따라서 만약 알을 잘못 골랐을 경우에는 재빨리 달아나는 게 상책이다.

4. 뱀은 혀로 냄새를 맡지만, 일부 종은 콧구멍도 있다.

5. 뱀도 목욕을 한다. 허물을 벗기 전에 피부를 축축하게 하기 위해 물에 몸을 담근다. 그리고 나서 앞으로 쑥 나가면서 허물을 벗는다. 이것은 설레발 씨가 양말을 벗는 것과 비슷하지만, 지독한 악취는 나지 않는다.

6. 뱀은 독을 얼마나 집어넣을지 정할 수 있다. 화가 단단히 난 뱀일수록 더 많은 독을 내뿜는다!

7. 독 이야기가 나온 김에 하는 말인데, 미국 과학자들은 잘 지워지지 않는 얼룩을 지우는 데 늪살모사 독이 아주 좋다는 사실을 알아냈다. 아, 물론 그 독은 움직이려고 하지 않는 사람을 치우는 데에도 탁월한 효과가 있다. 누구, 이 탁월한 세정제를 시험해 보고 싶은 사람 없어? 만약 실험이 잘못되더라도, 최소한 깨끗하게 죽을 수는 있잖아!

괴상한 뱀 과학자들

뱀 전문가들은 늘 뱀에 관해 기묘한 실험들을 시도한다.

● 케냐의 독사 전문가 콘스탄틴 이오니데스는 스피팅코브라의 독으로부터 눈을 보호하기 위해 고글을 발명했고, 폼피스라는 이름의 아프리카살모사를 애완용으로 키웠으며, 크리스마스 저녁 식사

이오니데스 박사, 와이퍼도 있어야 할 것 같은데요.

로 가봉북살모사를 먹었다. 심지어 블랙맘바가 얼마나 빨리 달리는지 알아보기 위해 블랙맘바와 경주까지 해 보았다. 다행히도 블랙맘바는 이 괴짜 과학자보다 느렸다.

● 우리의 옛 친구 찰스 워터턴(마지막으로 보았을 때 악어 위에 올라타고 있었지?)은 과학자들의 회의 장소에 방울뱀을 푼 적이 있다. 겁에 질린 과학자들은 아마도 방울뱀의 꼬리보다도 더 격렬하게 딸랑딸랑 떨었을 것이다. 사정이 이러하니 많은 뱀 전문가들이 뱀을 연구하다가 뱀에 물린 것은 당연한 일이다. 예컨대 존 투메이가 바로 그런 경우이다.

이름: 조 투메이

사고 발생 연도: 1916년

직업: 뉴욕 브롱크스 동물원의 사육사

상처: 방울뱀에게 물림

상태: 절박함. 동료 사육사가 독을 빨아내려고 했지만, 투메이는 온몸이 퉁퉁 부어올랐다. 격심한 통증으로 고통스러워했고, 계속 토했다.

의학적 소견: 그는 이미 송장이나 다름없다.

결과: 브라질의 뱀 전문가 비탈 브라질이 투메이의 목숨을 구했다. 정말 운 좋게도 마침 그때 브라질은 뉴욕에 와 있었고, 새로 발명한 뱀독 치료약을 갖고 있었다.
투메이는 그 약으로 목숨을 구한 최초의 사람이 되었다.

★ 요건 몰랐을걸!

그러나 과학자 카를 슈미트(Karl Schmidt)는 운이 좋지 못했다. 그는 1957년에 나무독뱀을 연구하고 있었다. 성질 나쁜 나무독뱀은 부주의한 슈미트를 딱 한 번 물었다. 그러나 그것만으로도 독의 효과는 치명적이어서, 슈미트는 끙끙 앓다가 다음 날 죽고 말았다.

뱀에 물리고도 살아난 사람의 이야기

독사에게 물리면 기분이 어떨까? 정말로 고통스러울까? 음, 그렇지 않다. 실은 고통스럽다는 말로 표현할 수 없을 만큼 괴롭다!

1987년, 영국의 뱀 전문가 잭 코니(Jack Corney, 1924~2003)

는 과학자들의 연구를 위해 방울뱀의 독을 빼내고 있었다. 코니는 자신의 일에 능숙했지만, 뱀의 목 뒷덜미를 붙잡고 있을 때 그만 뱀에게 엄지손가락을 콱 물리고 말았다.

"법석 떨 것 없어. 침착해야 해."

코니는 냉정하게 스스로를 달랬다. 그는 겁에 질려 허둥대면 심장이 더 빨리 뛰어 독이 더 빨리 온몸으로 퍼진다는 사실을 알고 있었다.

조심스럽게 뱀을 상자 속에 넣은 뒤에 물린 팔 주위를 붕대로 단단하게 동여맸다. 독의 효과가 나타나면서 코니는 숨을 헐떡이기 시작했다. 팔은 원래 크기의 세 배로 퉁퉁 부어올랐다. 그 고통은 이루 말할 수 없었다. 그는 이를 악물고 전화를 걸어 도움을 청했다.

병원에 도착한 코니는 심장이 멈추었으나, 의사들이 그를 살리기 위해 사력을 다하는 소리와 촉감을 느낄 수 있었다. 한 의사가 코니의 손목을 잡고 맥을 짚는 동안 다른 의사는 팔에다 주사를 꽂았다.

"아무래도 가망이 없어."

한 의사가 말했다.

"이미 죽었어."

코니는 자신이 몸에서 빠져 나와 공중으로 붕 떠오르는 듯한 느낌이 들었다. 그 후 모든 것이 깜깜하게 변했다.

그러다가 갑자기 코니는 눈을 떴다. 그의 눈에 시계가 들어왔다. 여기가 어디

지? 무슨 일이 일어난 걸까? 고통 속에서 천천히 그는 자신이 아직도 병원에 있으며, 그 동안 세 시간이 지났다는 걸 알아챘다. 나중에 자신의 심장이 3분 동안 멎었으며, 죽음 직전의 마지막 순간에 다시 뛰기 시작했다는 이야기를 들었다. 그는 그 후 5일 동안은 살아 있다기보다는 죽어 있는 상태에 더 가까웠으며, 몸이 회복되기 시작하고 나서도 팔은 몇 주일 동안 마비되어 있었다.

코니는 몸이 회복한 후에 다시 뱀을 연구했다. 그리고 그는 그 후에도 여러 번 뱀에게 물렸다. 10년 뒤에 코니는 이렇게 말했다.

"어떤 사람들은 이 일을 하는 나를 미쳤다고 생각해요."

글쎄, 왜 그렇게들 생각할까?

이제 여러분은 독사 가까이에는 다가가고 싶지도 않겠지? 그렇지만 혹시 여러분이 뱀 나라에 발을 들여 놓을 경우를 대비해 뱀 전문가들이 이야기하는 안전 수칙을 몇 가지 알려 주겠다.

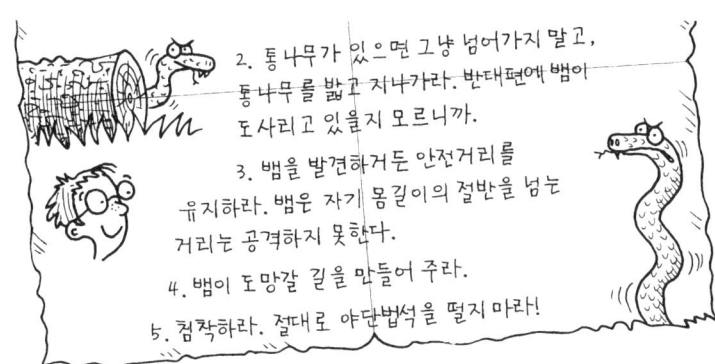

2. 통나무가 있으면 그냥 넘어가지 말고, 통나무를 밟고 지나가라. 반대편에 뱀이 도사리고 있을지 모르니까.
3. 뱀을 발견하거든 안전거리를 유지하라. 뱀은 자기 몸길이의 절반을 넘는 거리는 공격하지 못한다.
4. 뱀이 도망갈 길을 만들어 주라.
5. 침착하라. 절대로 야단법석을 떨지 마라!

음, 확실히 독사는 세상에서 가장 잔인한 동물 선발 대회 후보로 손색이 없어 보인다. 독사는 상어보다 더 많은 사람을 죽이며, 심지어 어떤 뱀은 사람을 총으로 쏘아 죽이기까지 했다. 무슨 터무니없는 농담을 하느냐고? 사실이라니까!

★ 요건 몰랐을걸!

1996년 6월, 중국 산시성에서 사냥을 하던 사냥꾼 리는 마땅한 사냥감이 없어 무척 따분했다. 그때 뱀이 한 마리 눈에 띄자, 총 끝으로 뱀을 툭툭 건드리며 장난을 쳤다. 깜짝 놀란 뱀은 총을 친친 감더니 방아쇠를 당겼고, 리는 엉덩이에 총알을 맞았다. 그리고 얼마 후 리는 죽고 말았다. 바로 뱀이 쏜 총에 맞아!

그렇지만 세상에서 가장 잔인한 동물 선발 대회에 참가를 신청한 동물들은 아직도 많이 남아 있다. 다음 장에서는 몸집이 아주 크고, 빵을 씹어 먹고, 요란한 트럼펫 소리를 내는 동물을 만나 보기로 하자. 엉? 뭐라고? 여러분 선생님 이야기가 아니다!

무시무시한 덩치를 가진 동물

반가운 소식이 있다. 비단구렁이를 만나 죽을 뻔했던 설레발 씨가 다행히도 정상을 되찾았다고 한다. 그리고 또다시 겁 없이 이번 장을 안내하기 위해 나섰다.

고마워요, 설레발 씨.

자, 맨 먼저 살펴볼 동물은 매년 사람을 수백 명이나 죽이는 거대한 초식 동물이다. 보기만 해도 공포가 확 밀려오는 거대한 동물이다.

진상 조사 X-파일

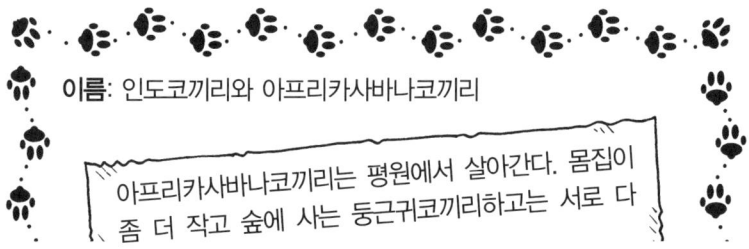

이름: 인도코끼리와 아프리카사바나코끼리

아프리카사바나코끼리는 평원에서 살아간다. 몸집이 좀 더 작고 숲에 사는 둥근귀코끼리하고는 서로 다른 종이다. 이전에는 아프리카코끼리 중에 아프리카사바나코끼리와 둥근귀코끼리의 두 아종이 있는 것으로 알려졌으나, 최근 DNA 검사 결과 서로 다른 종으로 밝혀졌다.

종류: 포유류
식성: 초식 동물. 식물이라면 어떤 먹이라도 먹는다.
● 코로 풀을 뜯고 나무를 뿌리째 뽑아 나무껍질과 뿌리를 포함해 모든 것을 먹는다.
● 코끼리는 하루에 식물을 200kg 이상 먹을 수 있다. 여러분의 학교 채소밭에 코끼리 무리가 지나가면 어떤 일이 일어날지 상상해 보라.
코끼리에게 죽는 사람의 수: 인도에서만 일 년에 약 200명이 코끼리에게 죽는다. 그러나 아프리카사바나코끼리는 성질이 훨씬 더 사납다.
무시무시한 특징:

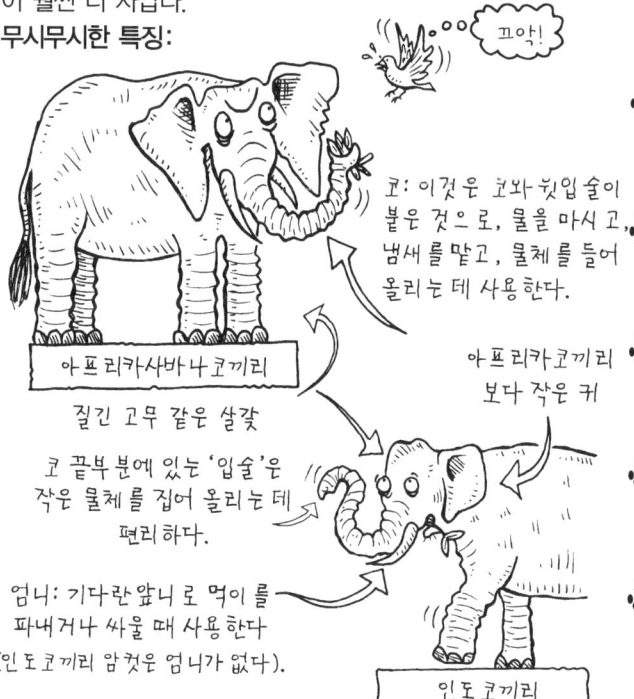

꼬악!

코: 이것은 코와 윗입술이 붙은 것으로, 물을 마시고, 냄새를 맡고, 물체를 들어 올리는 데 사용한다.

아프리카사바나코끼리

질긴 고무 같은 살갗

코 끝부분에 있는 '입술'은 작은 물체를 집어 올리는 데 편리하다.

엄니: 기다란 앞니로 먹이를 파내거나 싸울 때 사용한다 (인도코끼리 암컷은 엄니가 없다).

아프리카코끼리보다 작은 귀

인도코끼리

사는 곳: 인도코끼리는 인도와 동남아시아에 산다. 그럼 두 종의 아프리카코끼리가 사는 곳은? 그야 당연히 아프리카지! 그중에서도 사하라 사막 이남 지역에 산다.
몸길이: 인도코끼리는 어깨까지의 높이가 최대 3m, 아프리카사바나코끼리는 어깨까지의 높이가 최대 3.2m.

무시무시한 코끼리의 공격

1952년, 헌터(J. C. Hunter)라는 사냥꾼(엉? 헌터란 이름도 사냥꾼이란 뜻인데?)이 이렇게 말했다.

"나는 가끔 코끼리에게 쫓기곤 합니다. 그것은 마치 악몽 속에서 쫓기는 것과 비슷해요. 금방이라도 긴 코가 꿈틀거리며 내 목을 감을 것 같은 섬뜩한 기분에 사로잡히죠."

그러다가 마침내 코끼리에게 붙들리면 정말로 심각한 일이 일어난다. 그렇지만 여러분은 그 끔찍한 이야기를 듣고 싶지 않겠지?

그럼 듣고 나서 나중에 불평하기 없기다! 코끼리는 사람을 코로 감아 들어 올려 땅으로 던지거나 나무에다 들이박아 뇌가 주르르 흘러나오게 한다. 그러고 나서 흥분한 코끼리는 육중한 발로 사람을 밟아 짓뭉개 버린다. 어때? 정말 소름끼치지?

코끼리를 훈련시키는 조련사는 아주 조심하지 않으면 안 된다. 이 거대한 동물이 언제 흥분할지 모르기 때문이다. 20세기 초에 맨더린이란 이름의 코끼리가 미국의 한 서커스단에서 공연을 하고 있었다. 하루는 새로운 조련사가 일을 시작했다. 맨더린은 이전 조련사에게 그의 머리 위에다 발을 올려놓는 훈련을 받았다. 그런데 새 조련사가 그 묘기를 시도했을 때 어떤 일이 일어났을까?

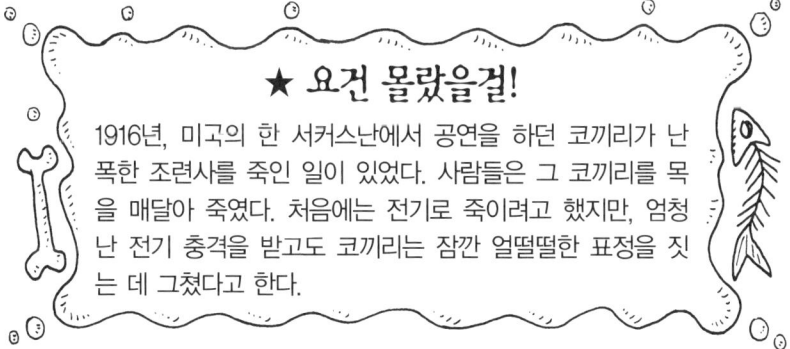

★ 요건 몰랐을걸!

1916년, 미국의 한 서커스난에서 공연을 하던 코끼리가 난폭한 조련사를 죽인 일이 있었다. 사람들은 그 코끼리를 목을 매달아 죽였다. 처음에는 전기로 죽이려고 했지만, 엄청난 전기 충격을 받고도 코끼리는 잠깐 얼떨떨한 표정을 짓는 데 그쳤다고 한다.

자, 코끼리가 여러분 학교를 방문하려고 한다. 여러분은 어떻게 하겠는가? 공포에 질린 선생님과 함께 벽장 속에 들어가 와들와들 떨고 있겠는가? 다음 퀴즈들을 풀면서 해결책을 찾아 보라!

나도 코끼리 전문가가 될 수 있을까?

보기로 제시된 두 가지 답 중 어느 것이 정답일까? 아무거나 찍어도 정답일 확률은 50%나 되니, 자신감을 갖고 도전해 보라!

1. 코끼리가 어른이 다 되었다는 것을 어떻게 알 수 있을까?

a) 목소리가 갈라진다.

b) 몸에 반점들이 나타나고, 밤늦게까지 밖에서 놀려고 한다.

2. 늙은 코끼리는 이빨이 닳아 고생한다. 그래서 먹이를 제대로 먹지 못해 배가 고파 성질이 난폭해진다. 2004년에 타이의 과학자 솜삭 지트니욤은 이빨 없는 코끼리 모로코트에게 무엇을 주었을까?

a) 틀니   b) 밀크셰이크

3. 짐바브웨의 농부들은 코끼리가 농작물을 먹지 않도록 하기 위해 어떻게 했을까?

a) 소년들에게 돈을 주고 코끼리에게 돌을 던지게 했다.

b) 칠레고추와 코끼리 똥을 섞어 태웠다.

4. 1996년에 코끼리들이 인도의 군 기지를 박살 낸 이유는 무엇일까?

a) 코끼리들이 개미집을 쿵쿵 짓밟았는데, 그 충격으로 건물들이 무너졌다.

b) 술에 취했기 때문.

답:

1. a) 2003년에 오스트리아 과학자들이 이 사실을 알아냈다.
2. a) 그렇다! 정말 감동적인 이야기지?
3. b) 코끼리는 10km 밖에 있는 농작물 냄새도 맡는다. 그리고 이 무시무시한 동물들은 떼를 지어 쿵쿵거리며 몰려와서는 농작물을 다 먹어치우는데, 덕분에 농부들은 쫄쫄 굶는다. 그렇지만 칠레고추와 똥을 섞은 향긋한 냄새는 코끼리를 질색하게 만든다. 믿거나 말거나지만, 코끼리는 칠레고추를 싫어한다. 그래서 멕시코 음식점에서 코끼리를 볼 수 없는 것이다! 하하! 그건 그렇고, 코끼리에게 돌을 던지는 것은 비단구렁이를 줄넘기 줄로 사용하는 것만큼 무모한 짓이다.
4. b) 그 코끼리들은 썩어 가는 풀을 먹고 취했다. 풀이 발효해 알코올이 생겼기 때문이다. 술에 취한 코끼리들은 진지의 식수 저장고를 습격했는데, 한 병사가 용감하게 그것을 막으려고 했지만, 코끼리들은 저장고를 박살 내고 말았다.

여러분이 얻은 점수 평가

4점: 축하한다 – 여러분은 아주 훌륭한 코끼리 전문가이다. 머리도 아주 크겠지?

2~3점: 만약 코끼리가 여러분을 향해 귀를 펄럭이기만 해도, 여러분은 안절부절못할 것이다.

0~1점: 오, 맙소사! 여러분은 평생 코끼리를 마주치지 않고 살아가는 게 좋겠다. 얼른 가까운 벽장 속으로 숨어라!

어때? 코끼리가 무시무시하다고 생각하는가? 그러나 자신이 더 잔인한 초식 동물이라고 주장하는 동물들이 있다! 계속 읽어 보고, 어느 쪽이 더 잔인한지 판단해 보라. 공포의 엄니를 가진 코끼리일까, 질주하여 충돌하는 들소일까, 보기만 해도 소름끼치는 하마일까?

아메리카들소의 맹렬한 돌진

카우보이들은 이 동물을 '버펄로(buffalo)'라고 부르지만, 정식 이름은 아메리카들소이다. 뭐, 이름이야 어떻든 간에 이 동물은 엄청나게 힘센 동물이다. 수컷은 등에 불룩 솟은 혹까지의 높이가 2m나 되며, 몸길이는 그것의 2배에 이르고, 두개골은 여러분을 괴롭히는 불량 학생보다 더 두껍다. 그 두개골은 총알도 뚫지 못한다는 이야기가 있을 정도이다.

아메리카들소는 사람을 죽이는 일이 거의 없지만, 공격을 받으면 가차 없이 반격한다. 1799년, 미국 농부 새뮤얼 매클렐런은 농장에 침입한 아메리카들소 무리를 향해 총을 쏘았다. 사람들이 아메리카들소가 먹이를 뜯어먹는 풀밭을 빼앗는 바람에 아메리카들소는 굶주리고 있던 참이었다. 멍청한 매클렐런이 우두머리 수컷을 칼로 찌르자, 나머지 아메리카들소들이 그의 집과 가족을 무참하게 짓밟고 지나갔다. 다음과 같은 유명한 옛 노래가 있는데······.

오, 버펄로가 지나다니는 곳에 집을 지어 주오!

설마 진짜로 그런 뜻으로 한 말은 아닐 것이다. 게다가 아메리카들소는 발을 닦고 다니지도 않는다!

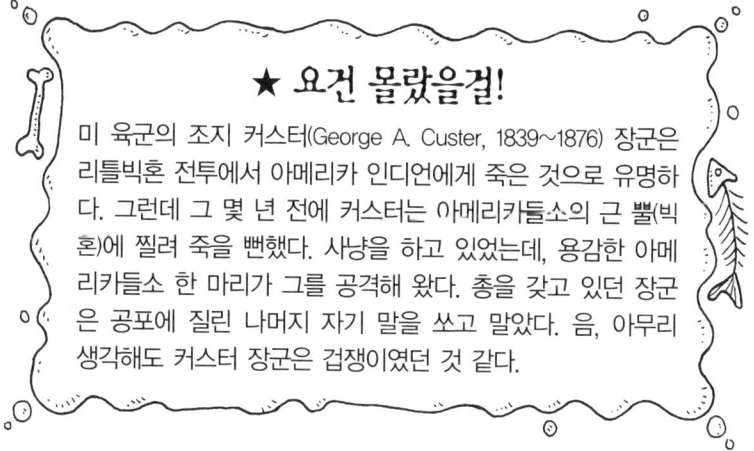

★ 요건 몰랐을걸!

미 육군의 조지 커스터(George A. Custer, 1839~1876) 장군은 리틀빅혼 전투에서 아메리카 인디언에게 죽은 것으로 유명하다. 그런데 그 몇 년 전에 커스터는 아메리카들소의 큰 뿔(빅혼)에 찔려 죽을 뻔했다. 사냥을 하고 있었는데, 용감한 아메리카들소 한 마리가 그를 공격해 왔다. 총을 갖고 있던 장군은 공포에 질린 나머지 자기 말을 쏘고 말았다. 음, 아무리 생각해도 커스터 장군은 겁쟁이였던 것 같다.

공포의 하마

하마가 얼마나 공포의 대상인지 알아보기 위해 하마 떼를 학교 수영장에 풀어 놔 보자.

하마의 이빨을 보고 공포에 질렸는가? 오싹한 사실이 하나 더 있다. 하마는 비 내리는 월요일 아침의 선생님보다도 성질이 더 사납다! 게다가 사람들은 항상 하마의 신경을 건드린다.
● 사람들은 하마가 강물 속에서 잠자고 있는 걸 모르고 카누를 타고 가다가 노로 하마의 코를 치곤 한다.
● 사람들은 밤중에 하마가 풀을 뜯어먹는 걸 미처 보지 못하고 걸어가다가 부딪치곤 한다. 문제는 성난 하마는 사람보다 더 빨리 달린다는 사실!

어느 쪽이건 결과는 사람의 비참한 죽음으로 끝난다. 무시무시한 하마에게 죽는 사람의 수는 사자와 코끼리에게 죽는 사람의 수를 합친 것보다도 많다.

★ 요건 몰랐을걸!

2002년, 남아프리카공화국의 줄룰란드에서 하마의 공격을 받은 부상자가 병원에 도착했다. 그는 얼굴이 몽땅 물어 뜯겨 나가고 남은 것은 눈알 하나뿐이었다. 놀랍게도, 의사들이 '기적의 사나이'라고 부른 그 환자는 그렇게 심한 공격을 받고도 살아남았다.

코끼리와 하마 중 어느 쪽이 더 잔인할까? 그러나 다음 장에 도사리고 있는 동물이 훨씬 더 잔인할지 모른다. 만약 지금 당장 여러분이 숲으로 들어간다면, 정말로 섬뜩한 그 동물을 만나게 될 것이다. 어디 열쇠 구멍을 통해 살짝 들여다볼까?

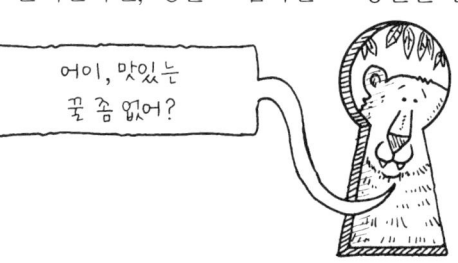

어이, 맛있는 꿀 좀 없어?

공포의 곰

다짜고짜 선생님에게는 남부끄러운 비밀이 하나 있다.

정말 충격적인 사실이 아닌가! 그러나 많은 사람은 곰을 귀엽고 보송보송한 장난감이라고 생각한다. 하지만 만약 여러분이 진짜 곰을 안으려고 들었다간 뼈도 추리기 힘들 것이다!

진상 조사 X-파일

이름: 갈색곰(북아메리카에서는 회색곰이란 뜻으로 '그리즐리 grizzly'라고 부르기도 함)

종류: 포유류

식성: 곰은 잡식 동물이자 식충 동물이다. 곰은 못 먹는 것이 없다. 내 말이 믿어지지 않거든 100쪽을 읽어 보라.

곰에게 죽는 사람의 수: 미국에서는 연간 5명 미만

사는 곳: 북아메리카와 러시아, 동유럽의 야생 자연

몸 길이: 육중한 어깨까지의 높이는 약 1.3m.

무시무시한 특징:

- 냄새를 맡는 감각은 사람보다 100배나 예민하다.
- 걸핏하면 폭발하는 나쁜 성질
- 털가죽은 갈색, 검은색 또는 황금색일수도 있다 (이 갈색곰에게 황금색 모피가 자연산인지는 묻지 않는게 좋다).
- 등에 볼록 튀어나온 혹
- 크르르!
- 고기를 물고 자르는 이빨과 식물을 씹는 이빨이 각각 따로 있다.
- 엄마Mom께 이르는 발톱
- 갈색곰은 3년마다 새끼를 두세 마리 낳는다.
- 튼튼한 다리로 시속 50km로 달릴 수 있다.

으스스한 갈색곰의 친척들

아메리카곰

몸길이: 최대 1.7m까지 자란다 (갈색곰보다 작음).

사는 곳: 북아메리카의 숲

위험성: 사람을 5년에 1명 정도 죽인다. 사람이 사는 곳 가까이에 살기 때문에 갈색곰보다 사람을

…그리고 우리는 나무도 아주 잘 타요!

공격하는 빈도가 더 높다.

북극곰

몸길이: 뒷다리로 서면, 키가 최대 3m에 이른다. 북극곰은 육지에 사는 육식 동물 중 가장 크다.

사는 곳: 북극해와 그 주변

위험성: 평균적으로 북극곰은 북아메리카에서 사람을 3년에 한 명 정도 죽인다. 러시아에서 죽는 사람은 그보다 훨씬 적다.

우리는 설레발 씨와 미키에게 난방 팬티를 입혀 북극곰이 얼마나 위험한지 알아보라고 보냈다.

설레발 씨의 모험: 북극곰의 위험

오, 이런! 설레발 씨가 곰에게 큰 봉변을 당했다! 하지만 그는 곰의 공격에서 간신히 살아남아 이제 겨우 몸과 마음을 추스르기 시작했다. 어쨌든 그는 곰에게 시달리느라 곰은 사람보다는 물범을 잡아먹는 걸 더 좋아한다는 사실을 이야기하는 것도 깜빡 잊어버렸다. 하기야 물범은 우리보다 더 물컹물컹하고, 영양분이 많은 지방이 듬뿍 들어 있으니까.

물이 질질 흐르는 물범   눈물을 질질 짜는 설레발 씨

그래서 사람을 잡아먹는 건 북극곰의 성에 차지 않는 것이겠지!

★ 요건 몰랐을걸!

북극곰은 캐나다 처칠의 거리를 어슬렁거리며 돌아다닌다. 믿거나 말거나지만, 한 북극곰은 클럽에 들어가기까지 했다. 지배인이 우물쭈물하는 곰에게 회원이 아니어서 못 들어간다고 말하자, 곰은 발길을 돌려 돌아갔다고 한다. 이곳 어린이들은 할로윈 때 유령으로 변장하는 게 금지돼 있다. 북극곰으로 오해받아 마취 총에 맞을 수 있기 때문이다.

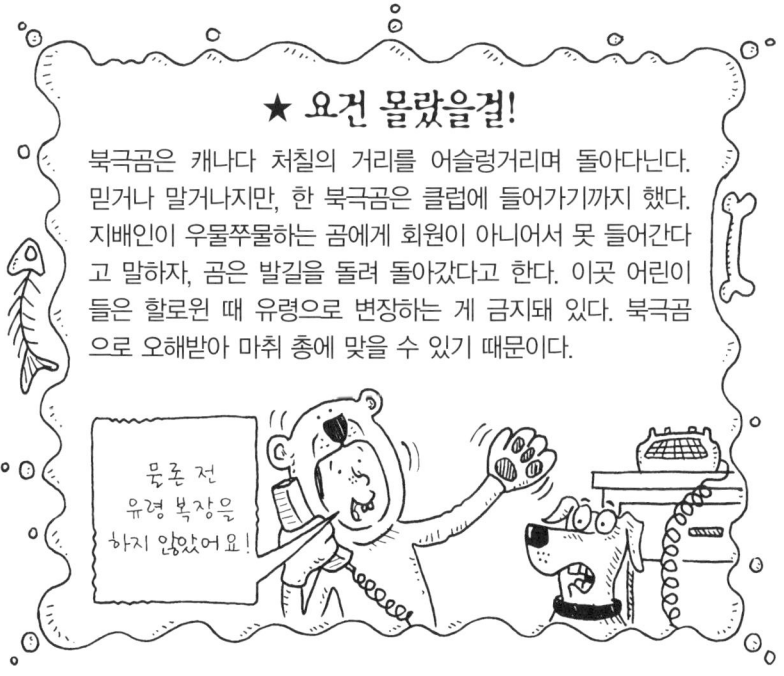

그런데 북극곰은 모두 왼손잡이라는 사실을 알고 있는가? 지어 낸 이야기 아니냐고? 아마도 여러분 선생님은 진실을 알고 있을지 모른다. 그렇다면 여기 온갖 종류의 곰에 관한 퀴즈로

선생님을 괴롭혀 볼까(이 모든 것은 다 재미를 위한 것, 아니 내 말은 교육을 위한 것이다!)?

선생님을 골려 주는 퀴즈

퀴즈를 푸는 요령
1. 퀴즈의 답은 진실 또는 거짓이다.
2. 퀴즈는 아주 어려운 것들로만 골랐다.
3. 여러분의 마음이 여리다면, 선생님에게 답을 결정하기 전에 반 아이들에게 물어 봐도 된다고 말하라.
4. 오답을 하나 말할 때마다 1점씩 감점이다.
5. 점수가 0점이 되거나 그 밑으로 내려갈 때마다 벌로 선생님에게 방귀 소리가 나는 거대한 쿠션에 앉게 한다.

진실일까 거짓일까?

1. 북극곰은 모두 왼손잡이이다.

우리가 글씨를 잘 쓰지 못하는 것도 이 때문이에요.

2. 2003년, 아르헨티나의 어느 동물원에서는 한 북극곰을 분홍색으로 물을 들였다.

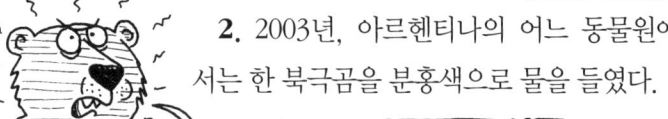

당장 내 외투 돌려주지 못해?

3. 곰의 뇌에는 냉각 장치가 내장돼 있다.

머리를 냉정하게 유지하는 데 아주 중요하거든.

4. 곰은 겨울 내내 응가를 하지 않는다.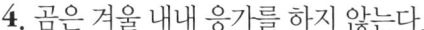

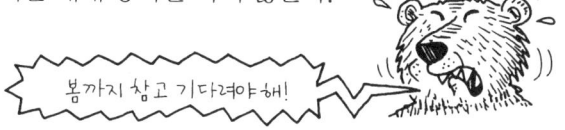

5. 어떤 곰은 물구나무를 서서 오줌을 눈다.

6. 갈색곰은 썩은 생선 냄새가 난다.

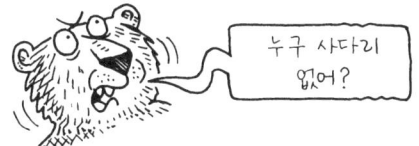

7. 갈색곰의 공격을 받았을 때에는 나무 위로 올라가는 게 최선이다.

답:

1. 진실. 따라서 북극곰끼리 만나면 왼손으로 악수를 할 것이다! 그렇지만 다른 곰은 왼손잡이도 있고, 오른손잡이도 있다.
2. 거짓. 분홍색 북극곰은 없었다. 사실, 그 북극곰은 살균 스프레이 세례를 받아 자주색으로 염색되었던 것이다.
3. 진실. 뇌로 가는 혈관은 반대 방향으로 뻗어 있는 차가운 정맥에 연결되어 열을 잃도록 설계돼 있다. 또 머리가 뜨거운 곰은 코를 통해서도 열을 내보낸다.
4. 진실. 곰은 겨울잠을 자는 여섯 달 동안 똥도 오줌도 누지 않는다. 그렇다면 여러분 선생님은 얼마나 오래 참을 수 있을까? 음, 다시 생각해 보니 묻지 않는 게 좋겠다.
5. 진실. 판다는 세력권을 표시하기 위해 나무에 오줌을 눈

다. 물구나무를 서서 오줌을 누면 더 높은 곳에 오줌을 눌 수 있기 때문에, 다른 판다에게 자기 덩치가 그만큼 크다고 속일 수 있다. 그렇다고 여러분도 변기 위에서 물구나무를 서서 오줌을 눌 생각은 하지 말 것! 볼썽사나운 사고로 이어질 수 있으니까!

6. 거짓. 개 냄새 비슷한 냄새가 난다.
7. 진실. 단, 이 방법은 어른 곰한테만 통한다. 다 자란 갈색 곰은 발톱 모양이 나무를 기어 오르기에 적합하지 않기 때문이다.

자, 선생님이 얻은 점수는 어때? 만약 제대로 맞히지 못했다면, 방귀 소리 나는 쿠션 위에서 콩을 잔뜩 먹은 캥거루처럼 뿡뿡거리면서 얼굴이 새빨개질 것이다.

그렇지만 좋은 점수를 얻었다면, 선생님은 방과 후에 비밀리에 곰 전문가로 활동하고 있는지도 모른다. 그리고 여러분이 애완 곰을 학교로 데리고 가더라도 조금도 당황하지 않을 것이다! 애완 곰이라고? 그렇다. 애완 곰을 기르는 방법을 다음에 소개한다.

〈노발대발 야생 동물〉이 제공하는
애완 곰 키우기 안내서

새끼곰을 기르는 것은 정말로 환상적인 경험이에요.
다음 지시를 따르며 곰과 함께 놀이와 게임을 하기만 하면 돼요!

제1과 곰과 함께 자고 일어나기

곰과 같은 시간에 깨어나고 자면 편리해요. 알다시피 곰은 어둑어둑한 때에 활동하는 동물이라, 새벽녘과 황혼녘에 주로 활동하니 여러분도 그러는 게 좋아요. 그러니까 아침엔 일찍 일어나야겠죠? 그렇지만 피곤하면 오후 과학 시간에는 언제라도 잠을 잘 수 있어요!

> 죄송해요, 선생님! 하지만 지금은 활동 시간이 아니라서요!

제2과 집 안에서 곰 키우기

곰이 집안일을 도와줄 거라는 기대는 하지 마세요.
만약 여러분의 곰이 북아메리카의 야생 자연에 위치한 집에 침입하는 말썽쟁이 아메리카곰처럼 버릇이 나쁘다면, 집 안의 모든 그릇을

> 내가 그런 게 아니에요, 엄마!

깨뜨리고, 사방에 진흙 발자국을 남기고, 침대에 똥을 쌀 거예요. 가족들은 몹시 언짢아하겠죠. 그래서 곰을 밖에서 자라고 내쫓을 테고, 덩달아 여러분도 함께 내쫓을 거예요. 뭐, 그래도 괜찮아요. 야생 곰은 잎과 이끼로 만든 침대 위에서도 잠을 잘 자니까요!

제3과 곰에게 먹이 주기

다른 포유류와 마찬가지로, 새끼 곰은 어미의 젖을 먹고 자라요. 그렇지만 태어난 지 넉 달이 지나면, 새끼 곰도 어른 곰이 먹는 먹이를 먹으려고 할 거예요. 그러니까 다음과 같은 것들을요.

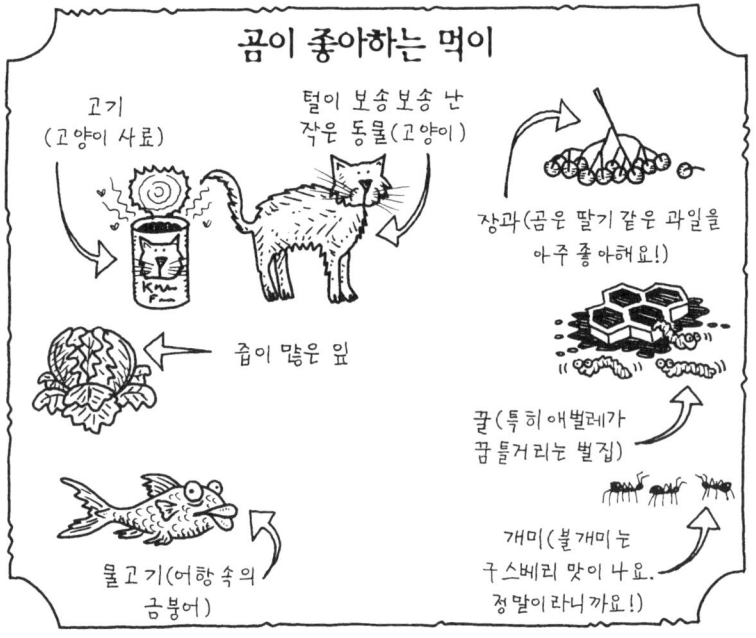

캐나다 횡단 도로를 건설할 때, 곰들이 건설 노동자들의 창고를 습격했어요. 욕심 많은 곰들은 다이너마이트를 먹어치웠지요. 그렇다고 해서 여러분의 애완 곰에게 폭발물을 먹이려고 하진 마세요!

제4과 학교에 가기!

여러분의 곰은 학교를 지배할 게 뻔해요. 모든 친구들이 여러분의 애완 곰에게 잘 보이려 할 것이고, 맛없는 학교 급식을 곰에게 주려고 할 거예요(맞아요, 곰은 무엇이건 다 잘 먹어요!). 그리고 곰이 교실을 엉망으로 만들면서 돌아다니면 여러분도 덩달아 신날 거예요. 아마 선생님도 곰에게 쫓겨 운동장을 뛰어다니고, 곰의 앞발에 엉덩이를 얻어맞고… 곰과 레슬링을 하는 놀이에 동참하고 싶어 할 거예요!

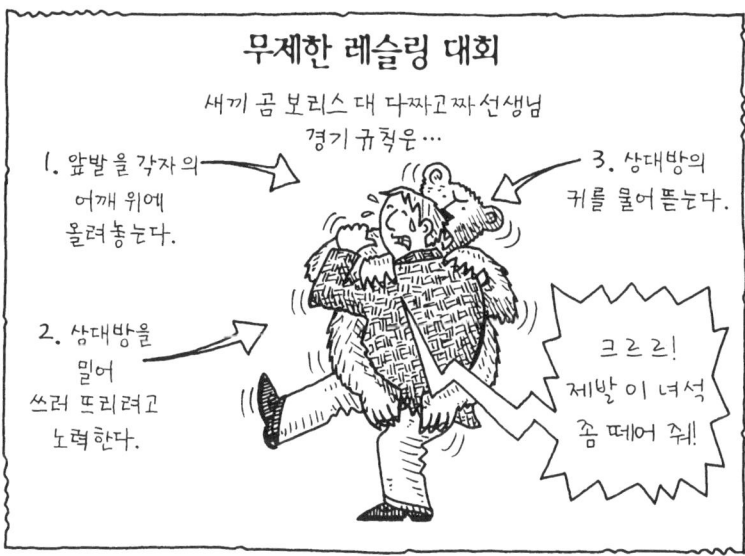

물론 이 모든 것은 아무 해가 없는 놀이입니다. 그렇지만 여러분의 곰이 미국 국립공원에 사는 아메리카곰처럼 난폭하게 행동하지 않도록 미리 막는 게 좋을 것입니다. 그러니까 이런 행동 말이죠.

● 자동차 천장 위에서 쿵쿵 뛰어 문을 부수고 음식 훔쳐 가기.

● 음식을 가진 사람을 쫓아가 그 사람이 공포에 질려 음식을 떨어뜨리게 한 뒤, 그것을 먹어치우기.

곰과 함께 하루를 보내고 나면, 선생님은 필시 기분이 아주 좋아질 것입니다. 아마도 여러분과 애완 곰에게 긴 방학을 줄지도 몰라요. 이것을 다른 말로는 '퇴학'이라고 하지요.

제5과 아주 긴 휴식

애완 곰은 가을이 되면 줄기 시작하면서 겨울 내내 잠을 자려고 할 거예요. 앞마당에 곰이 잘 만한 큰 굴을 파는 것을 도와주세요. 그러면서 아빠가 애써 가꿔 놓은 채소도 함께 파헤친다면, 아빠가 몹시 기뻐하겠죠? 아직도 집 안에 들어가지 못하고 쫓겨난 상태라면, 곰과 함께 굴 속으로 들어가서 지내면 돼요! 문제가 하나 있는데, 곰의 코골이가 심하다는 거죠! 어쩌겠어요? 그 정도는 참아 내야죠!

저자의 뒤늦은 경고

새끼 곰도 위험하다! 새끼 곰도 사람을 다치게 하고 집을 부술 만큼 힘이 세므로, 절대로 애완용으로 키울 생각을 해서는 안 된다. 여러분이 애완 곰 키우기 안내서를 곧이곧대로 믿지 않은 게 천만 다행이다!

엉? 곧이곧대로 믿었다고? 그래서 내게 손해 배상 청구서를 보내겠다고? 허걱! 그래도 소용 없다. 난 페루에 있는 정직한 너스레 씨한테 가 있을 테니까!

★ 요건 몰랐을걸!

1990년대에 헝가리인 부부가 귀여운 흰색 강아지를 한 마리 샀다. 그런데 이 강아지도 아주 크게 자라더니 집을 마구 부수기 시작하자 불안해졌다. 그들은 그 강아지가 사실은 북극곰이라는 것을 알고는 소스라치게 놀랐다!

그런데 새끼 곰이 여러분의 가구를 엉망으로 망쳐 놓을 수 있다면, 어른 곰은 어떤 일을 할 수 있을지 상상해 보라! 휴 글래스라는 남자가 산 증인이다. 1823년, 휴 글래스는 북아메리카의 오지를 탐험하는 탐사대의 일원으로 참가했다.

휴 글래스의 일기
1823년 8월

난 지금 상태가 엉망이다. 온몸이 굵힌 상처투성이이고, 다리도 부러졌다. 뭐 다 내 잘못이다. 혼자서 숲 속으로 들어가는 게 아니었는데…. 난 결코 그 어미 곰을 자극하려는 의도는 없었다. 그러나 내가 새끼 곰을 사냥하러 왔다고 오해한 어미 곰은 나를 공격했다. 할 수 없이 곰을 죽이지 않으면 안 되었다.

그러나 어미 곰이 한 발 빨랐다. 그 전에 나를 초주검으로 만들어 놓았으니까….

일주일 뒤

다른 사람들은 모두 떠나고, 존 피츠제럴드와 짐 브리저만 남아 나를 돌보고 있다. 내가 죽을 때까지…. 어젯밤에 두 사람이 하는 말을 들었다. 존은 내가 가망이 없으니, 날 그냥 버려 두고 떠나자고 속삭였다. 그리고 사람들에게는 내가 죽어서 버리고 왔다고 이야기하자고 했다.

하루 뒤…

아침에 일어나 보니 존과 짐은 떠나고 없었다. 두 사람은 내 물건마저 몽땅 챙겨서 떠나가 버렸다.
"크르르! 난 아직 죽지 않았어!"
나는 스스로에게 화를 내며 말했다.
나는 부러진 다리에 부목을 대고, 곰 가죽으로 몸을 감쌌다.
상처가 심하게 썩어 구더기들이 들끓었다. 이 작은 벌레들은 내 몸에서 썩은 살을 맛있게 뜯어먹었다.

그러고 나서 나는 기어가기 시작했다. 포트 키오와를 향해! 그곳은 320km나 떨어져 있었다. 과연 그곳까지 무사히 갈 수 있을까?

8주 뒤…
배가 고파 굶어 죽겠다. 썩은 들소 시체와 과실과 뱀을 먹고 연명하고 있지만, 이대로 포기할 순 없다. 어떤 날은 고통이 너무 심해 미쳐 버릴 것 같다. 존과 짐, 이 두 녀석을 만나기만 해 봐라! 갈기갈기 찢어 놓고 말 테다! 그렇지만 그러려면 그때까지 살아 남아야 한다. 이제 샤이엔 강에 도착했지만, 체력도 정신력도 거의 한계에 이르렀다.
아, 이제 어떻게 해야 하나?

한 달 뒤…
나무가 내 목숨을 구했다! 나는 누워서 죽기만 기다리고 있었는데, 그때 강둑에 놓여 있는 나무 둥치가 눈에 들어왔다.
나는 사력을 다해 그것을 강으로 굴렸다.
그리고 그 나무에 매달려 강을 타고
포트 키오와까지 갔고,
사람들이 나를 구조했다.
이제 드디어 존과 짐에게
복수를 할 때가 왔다!

다행히도 휴 글래스는 존과 짐을 만난 뒤 그들을 용서해 주었다.

글래스는 운이 좋은 경우이다. 무사하게 돌아온 것도 운이 좋았지만, 곰의 공격을 받고 살아남은 것도 행운이었다. 곰은 앞발로 쳐서 사람을 죽일 수 있으며, 그 공격이 시작되어 끝나기까지 30초도 채 걸리지 않는다.

나도 과학자가 될 수 있을까?

1984년, 더그 던바(Doug Dunbar)라는 미국인 과학자는 새로 개발된 곰 퇴치 후추 스프레이를 뿌렸다. 그러자 어떤 일이 일어났을까?

a) 화난 곰이 과학자를 물어뜯었다.

b) 아무 일도 일어나지 않았다. 곰은 그냥 돌아서서 가 버렸다.

c) 화난 곰이 재채기를 하는 바람에 과학자는 온 몸이 곰의 콧물로 뒤덮였다.

답: c) 그러니 과학자가 되는 것도 쉬운 일은 아니다. 그 뒤로 과학자들은 사람에게도 뿌리지 그리 훌륭한 사냥꾼(덧붙여, 그 사람은 단지 0.5갸지 는 곰이 그가 뺏기기 때문이다.) 을 밝혀 자랑이 있다.

★ 요건 몰랐을걸!

과학자들은 폭죽을 터뜨리고, 시끄러운 록 음악을 틀고, 우산을 갑자기 확 펼치는 방법 등도 시험해 보았다. 그러나 곰에게 겁을 주려는 이 방법들은 모두 효과가 없었다. 화가 잔뜩 난 선생님에게 이런 방법을 시험해 보면 어떨까?

따라서 곰을 화나게 하는 건 쉽지가 않다. 이것은 아주 흥미로운 사실이다. 그렇다면 곰이 사람을 공격하는 것은 곰의 잘

못 때문이 아니란 말인가? 어쩌면 곰을 화나게 한 사람의 잘못 때문일지도 모른다.

다음 사례들을 한번 생각해 보자. 미국의 옐로스톤 공원 관리인들은 한 여성이 곰에게 핥아먹게 하려고 자기 아이의 얼굴에 꿀을 바르는 것을 보고 소스라치게 놀라 막았다. 또 어떤 남자는 곰을 자기 차 속에 밀어 넣기도 했다. 자기 아내와 함께 앉아 있는 모습을 사진으로 찍으려고 그랬다나. 사람과 곰 중 도대체 어느 쪽이 더 멍청한 걸까? 우리는 똑똑한 곰을 모셔 무분별한 짓을 하는 사람을 어떻게 생각하는지 물어 보았다.

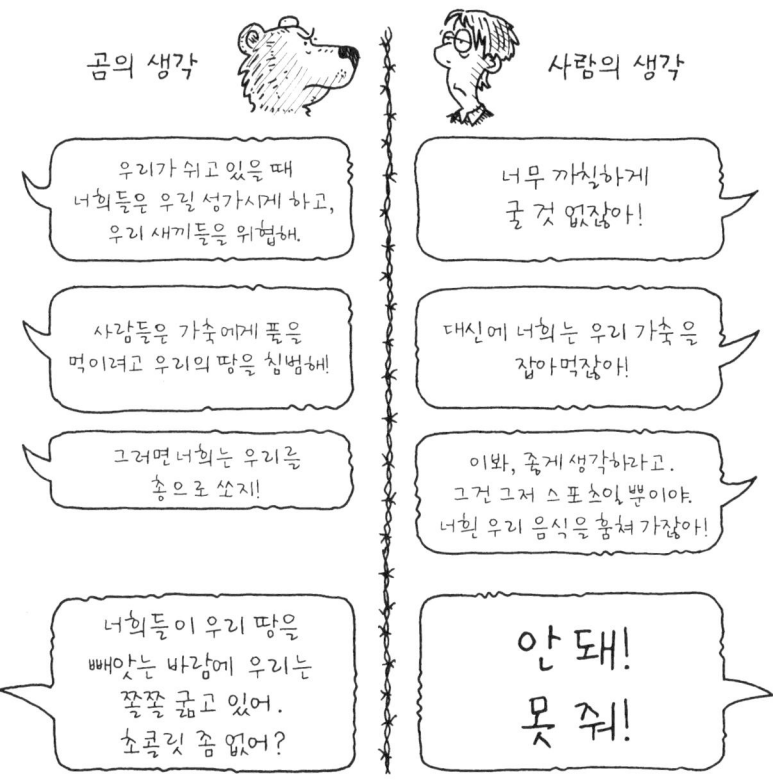

곰은 그렇게 잔인한 동물이 아닐지도 모른다.

따라서 세상에서 가장 잔인한 동물 선발 대회의 유력한 우승 후보로는 자격이 좀 떨어지지 않을까? 여러분 생각은 어때?

음, 다음 장을 읽고 난 뒤에 결정을 내려도 늦진 않을 것이다. 자, 다음 장에 등장하는 무서운 동물들에게 먹이를 줄 만큼 용감한 사람 없어? 오, 고마워요. 설레발 씨!

큰 고양이과 동물

다음 질문들에 답해 보라.

1. 고양이와 함께 살고 있는가?
2. 여러분의 고양이는 반쯤 죽은 생쥐를 가지고 놀길 좋아하고, 배고픈 표정으로 잉꼬를 노려보고, 우편집배원을 발톱으로 할퀴길 좋아하는가?

위의 두 질문에 다 '그렇다' 라고 대답했다면, 여러분이 키우는 고양이는 잔인한 동물일 가능성이 높다. 그러나 가장 잔인한 고양이라도 다음 동물들에 비하면 귀여운 새끼 고양이에 지나지 않는다!

이들은 고양이 사료 따위는 거들떠보지도 않는다. 그런데 도대체 설레발 씨는 어디로 갔을까?

진상 조사 X-파일

이름: 사자와 호랑이
둘 다 많은 사람을 죽이기 때문에 한데 묶어 다루기로 한다.
종류: 포유류

식성: 오로지 육식, 육식 그리고 또 육식! 특히 덩치가 큰 네발 짐승을 좋아한다. 사자는 누영양과 얼룩말을 좋아한다. 호랑이는 여러 종의 사슴을 잡아먹는다. 아, 물론 둘 다 사람을 잡아먹는 것도 마다하지 않는다.

사자와 호랑이에게 죽는 사람의 수: 일 년에 사자는 아프리카에서 수백 명을, 호랑이는 인도에서 100명 이상을 죽인다.

사는 곳: 사자는 아프리카의 넓은 평원에서 산다(인도에도 약간 살고 있다). 호랑이는 숲에서 사는데, 주로 인도와 네팔에 살고 있으며, 동남아시아와 중국, 러시아에도 약간 살고 있다.

몸길이: 사자와 호랑이는 몸길이가 최대 2.7m(꼬리 포함)까지 자란다.

무시무시한 특징:

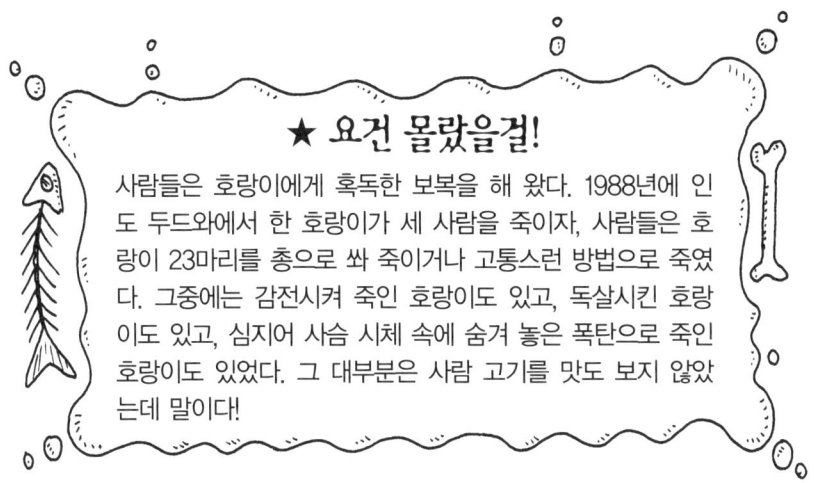

★ 요건 몰랐을걸!

사람들은 호랑이에게 혹독한 보복을 해 왔다. 1988년에 인도 두드와에서 한 호랑이가 세 사람을 죽이자, 사람들은 호랑이 23마리를 총으로 쏴 죽이거나 고통스런 방법으로 죽였다. 그중에는 감전시켜 죽인 호랑이도 있고, 독살시킨 호랑이도 있고, 심지어 사슴 시체 속에 숨겨 놓은 폭탄으로 죽인 호랑이도 있었다. 그 대부분은 사람 고기를 맛도 보지 않았는데 말이다!

으스스한 친척들

사자와 호랑이는 겉모습이 달라 보이지만, 같은 동물 가족 집단에 속한다. 과학자들은 대형 고양이류가 속한 이 집단을 표범속(*Panthera*)이라 부른다(여러분이 기르는 고양이는 대형 고양이류가 아니라 고양이속으로 분류된다). 여러분이 밤중에 절대로 마주치고 싶지 않은 표범속 동물을 몇 종 더 소개한다.

재규어

몸길이: 최대 1.9m

사는 곳: 남아메리카의 숲

위험성: 사람을 공격하는 일은 드물지만, 동물의 뇌에 이빨을 박아 넣는 걸 좋아한다. 아마도 지식에 목마른 모양이지.

퓨마(쿠거 또는 마운틴 라이언이라고도 부른다.)
몸길이: 최대 2.4m
사는 곳: 북아메리카와 남아메리카의 야생 자연
위험성: 사람을 공격하기도 하지만, 죽이는 일은 아주 드물다.

표범
몸길이: 최대 2.5m(꼬리까지 포함해)
사는 곳: 아프리카의 평원과 인도의 숲
위험성: 보통은 원숭이나 영양을 잡아먹지만, 오두막집에 침입하여 잠자는 사람을 잡아먹는 나쁜 버릇도 있다. 일단 표범의 표적이 되면 반쯤 죽은 목숨이라고 봐야 한다.

★ 요건 몰랐을걸!

1998년, 퓨마 한 마리가 미국의 한 플라스틱 회사 사무실로 어슬렁거리며 들어왔다. 퓨마는 비서들을 놀라게 하고 타이피스트들을 공포에 질리게 했는데, 한 용감한 직원이 퓨마를 어느 방에 가두어 버렸다. 그 방이 텅 비어 있었어야 할 텐데….

앞에서 보았듯이, 사자와 호랑이는 서로 환경이 다른 곳에서 살아간다. 그렇지만 새끼 사자와 새끼 호랑이가 만나서 대화를 나눈다고 상상해 보자.

"만약 다른 수컷 호랑이가 아빠의 세력권을 차지하면, 난 그 호랑이에게 죽을 수도 있어."

"새로운 수사자가 무리의 우두머리가 되면, 나도 새 우두머리에게 죽을 수 있어."

"새끼로 살아가는 건 너무 고단해!"

"우리 숨래잡기 할까?"

"좋아! 네가 술래야!"

사실은 사자와 호랑이는 재미로 놀이를 하는 게 아니다. 뭐 어쨌든 50년 동안 놀이라곤 해 본 적이 없는 과학자들은 그렇게 말한다. 과학자들의 말로는, 사자와 호랑이는 그런 놀이를 통해 사냥이나 싸움과 같은 기술을 배우는 것이라고 한다. 애석하게도 사람들은 새끼들에게 형제들과 중요한 싸움 기술을 익히도록 내버려 두지 않는다.

사냥 이야기가 나온 김에 흥미로운 이야기를 하나 살펴보자. 1898년에 아프리카의 차보에서는 아주 굉장한 사건이 일어났다. 그해에 한 쌍의 식인 사자가 철도 건설 현장에서 일하던 아프리카인과 인도인 노동자를 130명 이상이나 잡아먹었다. 거기서 일하던 노동자가 일기를 썼다면 아마 다음과 비슷했을 것이다. 읽어 볼 용기가 있거든 읽어 보라.

1898년 11월 30일
누나 안녕?
나는 이곳 차보에서 철도를 건설하고 있지만, 너무나도 끔찍한 사건

때문에 공포에 떨고 있어. 많은 친구들이 한쌍의 사자에게 잡아 먹혔기
때문이야. 밤만 되면 어디선가 처절한 비명 소리와 아삭아삭
뼈를 씹는 소리가 들려와. 그리고 아침이 되면
머리 또는 손목 하나만 피 웅덩이 속에
덩그러니 남아 있는 게 발견돼.

우리를 통솔하는
패터슨 대령은
숙소 주위를 가시
울타리로 빙 둘러싸고 경비병을 배치했어. 그러나
사자들은 악마처럼 겁이라곤 전혀 모르는 것 같아.
내 친구들은 그 사자들은 죽일 수 없는 존재라고
속삭이고 있어. 그리고 그 사자들을 각각 유령과
어둠이라는 이름으로 불러. 우리는 너무나도 공포에
질린 나머지 이제 나무 위에 올라가 잠을 자.
그렇지만 우리가 너무 무거워 나무가 부러지고
말았어! 난 정말 겁이 나서 못 살겠어. 혹시 다음 번은
내 차례가 아닐까? 덜덜! 날 위해 기도해줘.

 동생 고빈테르가

1898년 12월 30일
안녕, 누나!
지난번 편지를 보낸 뒤 많은 일이 일어났어. 패터슨 대령이 커다란
나무 덫을 만들어 사자 한마리를 잡았어.

그런데 그를 돕던 경찰들이 사자를 쏘아
죽이려고 총을 발사했는데, 그만
자물쇠를 맞히는 바람에 사자가
달아나 버렸지 뭐야!
그러고 나서 패터슨
대령의 상관이 무슨 일이 일어났는지
보러 왔는데, 그 사자가 그를 공격해 멋진 제복을
갈기갈기 찢어 놓았어! 그 상관은 기분이 무척 상했어.
더군다나 사자들이 그가 애지중지하던 염소들을 다
먹어치웠거든(대령이 실수로 쏘아 죽인 한마리만 빼고).

그 뒤에 대령은 나무를 엮어 높은 단을 만들었어. 그리고 그 위에서 사자를 기다리다가 쏘아 죽이겠다고 말했어. 며칠 뒤, 사자 한 마리가 나타났어. 바로 그때, 올빼미가 대령의 머리 위에 내려앉았지만, 그래도 대령은 정확하게 총을 쏘아 사자를 명중시켰어. 대령은 몹시 우쭐했지. 그리고 어제 나머지 사자 한 마리도 추격 끝에 쏘아 죽이자 아주 기고만장했어. 우리도 모두 기뻐했지. 이제 더 이상 밤에 잠자다가 눈을 뜨면 사자의 아가리 속에 들어가 있는 게 아닌가 떨었던 그 공포에 시달리지 않아도 되니까!
패터슨 대령 만세!
오늘 같은 날은 임시 휴일로 해야 하는 것 아닌가?

죽은 사자를 작대기로 받쳐 놓은 거예요.

← 동생 고빈데르가

★ 요건 몰랐을걸!

차보의 사자 가죽은 처음에는 깔개로 만들어졌으나, 1925년에 시카고 박물관으로 팔려 가 실제와 똑같은 사자 모형으로 만들어졌다. 그렇지만 실제와 완전히 똑같지는 않았다. 그 후로는 사람을 문 적이 한 번도 없으니까.

아프리카에는 지금도 사람을 잡아먹는 큰 고양이과 동물들이 있다. 설레발 씨는 그런 동물에게 공격을 받으면 어떻게 될지 몸소 알아보기로 했다. 아무래도 설레발 씨는 제 정신이 아닌 것 같지 않은가?

설레발 씨의 모험: 큰 고양이과 동물의 습격

> **과학자의 말참견**
> 표범은 사냥한 먹이를 사자나 하이에나가 훔쳐 가지 못하게 하려고 나무 위로 끌고 올라간다.

그런데 지금까지 읽으면서 궁금한 점이 없었는가? 왜 사자나 호랑이나 표범은 우리를 공격할까? 우리를 미워해서일까? 답은 '그렇지 않다'이다. 혹은 과학자라면 이렇게 표현하겠지.

큰 고양이과 동물이 우리를 잡아먹는 이유는 단지 그들이 배가 고프고, 우리가 잡기 쉬운 사냥감이기 때문이다. 왜 배가 고픈가 하면…….

● 너무 늙고 이빨이 없어 평소에 먹던 먹이를 잡기가 힘들어져서.

● 다른 동물이나 사람과 싸우다가 부상을 입어서.

● 사람들이 가축을 키우기 위해 먹이가 되는 동물들을 다 쫓아 버려서.

다시 말해서, 큰 고양이과 동물이 사람을 잡아먹기 시작하는 것은 우리의 잘못 때문일 수 있다는 이야기이다. 그런데 문제를 더 복잡하게 만드는 것들이 있다.

● 설사 아무리 배가 고프다 해도 큰 고양이과 동물이 모두 사람을 잡아먹는 것은 아니다.

● 일부 큰 고양이과 동물은 배가 고프지 않은데도 사람을 잡아먹는다.

● 사람을 잡아먹는 큰 고양이과 동물 중 일부 암컷은 새끼에게도 사람을 먹도록 훈련시킨다.

이번엔 큰 고양이과 동물에 관해 정말로 무시무시한 이야기를 들려주겠다.

큰 고양이과 동물의 습격

1. 코끼리 운전사 수베다르 알리는 호랑이에게 붙잡히자, 생각나는 모든 신에게 살려 달라고 기도했다. 호랑이는 알리의 머리 가죽을 벗기고, 손가락을 물어 거의 완전히 끊어 놓았다. 그때 코끼리가 알리를 코로 들어 올려 안전한 곳으로 옮겼다. 인도 코르베트 국립공원 관리인들은 그 호랑이를 사살하려고 했으나, 알리는 호랑이의 목숨을 살려 달라고 간청했다. 관리인들은 그의 간청을 받아들여 호랑이를 사로잡아 동물원으로 보냈고, 알리는 가끔 그 호랑이를 찾아가 "안녕!" 하고 인사를 했다고 한다.

2. 1870년, 제임스 로빈슨 서커스단이 미국 미주리 주의 미들타운을 방문했다. 사자 우리 위에서 10명으로 이루어진 악단이 흥겨운 연주를 하고 있었다. 그러나 우리 천장이 약

오, 음악과 함께 식사까지!

해 와지끈 하고 무너졌고, 악단은 사자 우리 속으로 떨어지고 말았다. 그중 7명이 사자에게 목숨을 잃었다.

3. 1937년, 영국의 해럴드 데이비드슨이라는 목사는 프레디라는 이름의 사자와 함께 우리 안에 앉아 있었다(그 목사는 일자리를 잃은 후에 돈을 벌려고 그 짓을 하고 있었다). 그러나 서투른 목사가 그만 실수로 사자 꼬리를 밟는 바람에 화가 난 프레디는 그를 잡아먹고 말았다.

4. 이런 위험에도 불구하고, 수천 명이나 되는 사람이 큰 고양이과 동물을 애완 동물로 기르고 있다. 브라질에서는 경비견 대신에 기르기도 했는데 운 없는 도둑이 이 경비견(음, 경비 고양이인가?)에게 잡아먹히고 말았다.

5. 2003년, 뉴욕의 한 남자는 호랑이 한 마리, 악어 한 마리, 고양이 한 마리를 애완동물로 길렀다. 그런데 어느 날, 호랑이가 고양이를 잡아먹기로 마음 먹었던 모양이다. 괴짜 주인은 고양이를 구해 주려고 하다가 호랑이에게 물리고 말았다. 결국 호랑이와 악어는 동물원으로 갔고, 남자는 병원으로 실려 갔으며, 고양이는 큰 충격에서 헤어나지 못했다.

으으으! 동족에 가까운 내 친척이 날 잡아먹으려 하다니! 덜덜덜…

그런데 자초지종을 알고 나니, 동물들이 사람을 잡아먹는 문제는 사람이 더 악화시킨 측면이 있는 것 같다. 그렇다면 사람을 잡아먹는 큰 고양이과 동물이 잔인한 동물이 아니란 이야기인가? 만약 잔인한 동물이라면, 이들은 상어보다 더 흉포하고, 뱀보다 더 으스스할까? 그리고 다음 장에 등장하는 동물보다 더 무서울까?

자세한 것을 알고 싶으면 계속 읽어 보라.

잔인한 늑대

동화에는 할머니로 변장한 늑대나 새끼 돼지들을 위협하는 늑대에 관한 이야기가 많지만, 진짜 늑대는 훨씬 더 위험하고 무시무시하다. 사실, 우리는 세상에서 가장 잔인한 동물 선발 대회의 우승자를 마침내 찾아냈다! 그것을 증명하기 위해 불을 켜고, 늑대 인간(늑대로 변하는 인간)에 관한 섬뜩한 이야기를 해 주려고 한다. 이것은 정말로 으스스한 이야기이다!

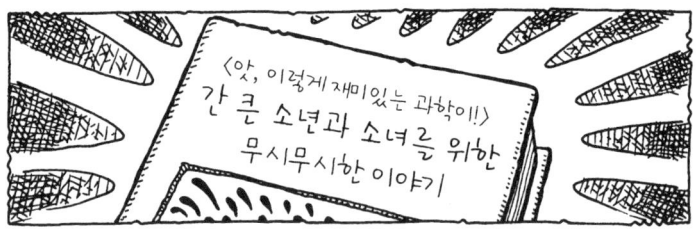

늑대 인간의 전설

먼 옛날 프랑스의 춥고 황량한 오베르뉴 산맥에 바르고 백작이라는 심술궂은 귀족이 살고 있었다. 이 잔인한 백작은 재미로 사람을 공격하는 걸 좋아했으며, 얼마나 성질이 못됐는지 어머니조차 아들에 대해 칭찬의 말이라곤 단 한 마디도 하지 않았다.

어느 날, 바르고 백작은 어린 소녀를 공격했다. 소녀의 비명을 들은 두 오빠가 소녀를 구하기 위해 달려왔다. 두 젊은이는 용감하게 백작과 맞서 싸웠고, 백작이 숲 속으로 도망치자 그 중 한 명이 저주의 말을 퍼부었다.

"바르고 백작, 자연계의 모든 것이 너의 적이 될 거야!"

바르고 백작은 그냥 웃어 넘겼지만, 잠시 후 웃음소리는 공포에 질린 비명 소리로 변했다. 갑자기 거대한 늑대가 덤불에서 튀어나왔기 때문이다. 무시무시한 늑대는 날카로운 이빨로 바르고 백작을 콱 물었다.

"도와 줘! 살려 주세요!"

바르고 백작은 비명을 질러 댔다.

백작의 비명을 들은 노인이 늑대를 쫓기 위해 개를 보냈다. 그러나 늑대는 개의 목덜미를 물어뜯어 죽이고는 우우우 하고 울어 댔는데, 그 소리를 듣는 순간 노인은 등골이 오싹했다. 그러고 나서 늑대는 숲 속으로 사라지고 말았다.

백작은 검게 변한 피 웅덩이 속에 누워 있었다. 백작은 아직 살아 있었지만, 노인은 늑대가 다시 돌아올까 봐 겁이 났다. 그래서 날이 밝고 나서야 백작을 안전한 곳으로 데려갔다.

바르고 백작은 부상에서 회복했지만, 사람이 완전히 딴판으로 달라져 있었다. 날고기를 씹어 먹기 시작하더니, 어느 날 밤 어디론가 사라지고 말았다. 그리고 잠시 후, 우우우 하고 늑대 우는 소리가 들려오기 시작했다. 그 울음소리는 메르쿠아르 숲 전체에 울려 퍼지면서 농부들을 공포에 떨게 했다. 몇몇 사람은 거대한 늑대를 보았다고 말했다. 공포에 질린 농부들은 그 늑대는 다름 아닌 바르고 백작이 늑대 인간으로 변한 거라고 쑥덕이기 시작했다.

그리고 나서 살육이 시작되었다. 남자와 여자의 시체가 갈기갈기 찢긴 채 발견되었다. 그것은 보통 늑대가 할 수 있는 짓이 아니었다. 사냥꾼들이 늑대를 찾아서 총을 쏘았지만, 총알이 늑대에게 맞은 것처럼 보일 때마다 늑대는 아무 상처도 입지 않고 달아났다! 아마도 저주가 현실이 되어 나타나 백작이 모든 동물의 적이 된 것처럼 생각되었다.

  병사들과 사냥꾼들이 늑대를 찾기 위해 대대적인 수색에 나섰지만, 늑대는 보이지 않았다. 가장 용감한 사냥개도 늑대의 냄새를 맡는 순간, 공포에 질린 눈으로 낑낑거렸다. 겨울과 그다음 봄까지 살육은 계속되었고, 아무도 집 밖으로 나가려고 하지 않았다. 마침내 왕은 아끼는 사냥꾼인 앙투안 드 보테른에게 늑대를 죽이라고 보냈다. 사냥꾼은 인내심을 가지고 그 지역의 자세한 지도를 만든 뒤, 늑대가 숨어 있는 굴을 찾기 시작했다. 그리고 늑대가 숨어 있는 곳으로 보이는 어두운 골짜기로 사람들과 개들을 데리고 갔다.

  골짜기는 쥐 죽은 듯이 조용했다. 새 지저귀는 소리조차 들리지 않았다. 그런데 덤불 사이에서 뭔가가 그들을 노려보고 있었다. 아주 크고 잔인하고 사나운 것이……. 잠시 후, 갑자기 늑대가 튀어나왔다. 모든 사람이 총을 발사했고, 총탄이 쉴 새 없이 늑대에게 맞고 또 맞았지만, 늑대는 쓰러지지 않았다. 그러다가 심장에서 피가 다 빠져 나간 뒤에야 마침내 늑대가 쓰러졌다.

  늑대는 죽었지만, 바르고 백작은…… 그 후 다시는 보이지 않았다. 그는 죽은 게 확실할까?

따분한 진실은……

1765년에 거대한 늑대가 100명 이상을 죽였는데, 그 늑대가 바르고 백작이라는 소문이 나돌았다. 1767년에 두 번째 늑대가 총에 맞아 죽었다. 그러나 과학자들은 늑대 인간의 존재를 믿지 않으며, 많은 전문가들은 늑대 인간이 늑대와 개 사이에 태어난 잡종일 거라고 생각한다. 음, 이제 늑대 인간의 전설 이야기는 그만 하고, 과학자들이 동의하는 사실들을 살펴보자.

진상 조사 X-파일

이름: 늑대

종류: 포유류

식성: 육식 동물. 작은 포유류는 혼자 힘으로 사냥하지만, 엘크 같은 큰 동물을 사냥할 때에는 무리를 지어 협력하여 사냥한다.

늑대에게 죽는 사람의 수: 늑대도 가끔 사람을 죽인다(대부분 인도에서).

사는 곳: 북아메리카(주로 캐나다와 알래스카), 러시아, 동유럽, 아시아와 인도 일부 지역.

몸 길이: 수컷은 몸길이가 2m, 키가 85cm까지 자란다.

무시무시한 특징:

귀를 회전시킬 수 있어 어느 방향에서 오는 소리든 잘 들을 수 있다.

킁킁!

냄새를 맡는 감각은 사람보다 100배나 예민하다.

발갈퀴가 약간 달려 있는 발가락 덕분에 눈 위에서도 푹푹 빠지지 않고 걸을 수 있다.

으스스한 친척들

늑대는 개과 동물에 속하는데, 개과 동물에는 늑대 외에도 붉은늑대, 코요테, 여우, 개 등이 있다. 이 중에서 사람을 죽이는 것은 늑대와 개뿐이다(무시무시한 개에 관한 자세한 이야기는 130쪽을 보라). 그런데 미국에서는 코요테가 창문을 통해서 노려보고 유리에다 숨을 내뿜어 고양이를 바들바들 떨게 만든다는 이야기가 전해 온다(내가 지어 낸 이야기가 아님!).

개과 동물은 가족끼리 무리를 지어 살 때가 많다. 여러분이 늑대 무리 속에서 살아가려면 어떻게 해야 할까? 그것은 여러분이 평소에 함께 사는 무리, 그러니까 사람 가족 속에서 살아가는 것보다도 더 나쁠까?

늑대 가족 무리 속에서 새끼가 지켜야 할 규칙

1. 우리 가족은 우두머리인 알파 수컷과 알파 암컷(그러니까 여러분의 아빠와 엄마)이 지배한다. 우두머리가 하는 것은 무엇이건 법이다! 절대로 따지려고 해선 안 된다!
2. 이 규칙들에 절대 복종해야 한다. 그러지 않으면 엉덩이를

물어 뜯겨 죽을지도 모른다.

3. 엄마와 아빠 앞에서는 항상 발발 기어라. 자세를 제대로 보여 주기 위해 그림으로 보여 주겠다.

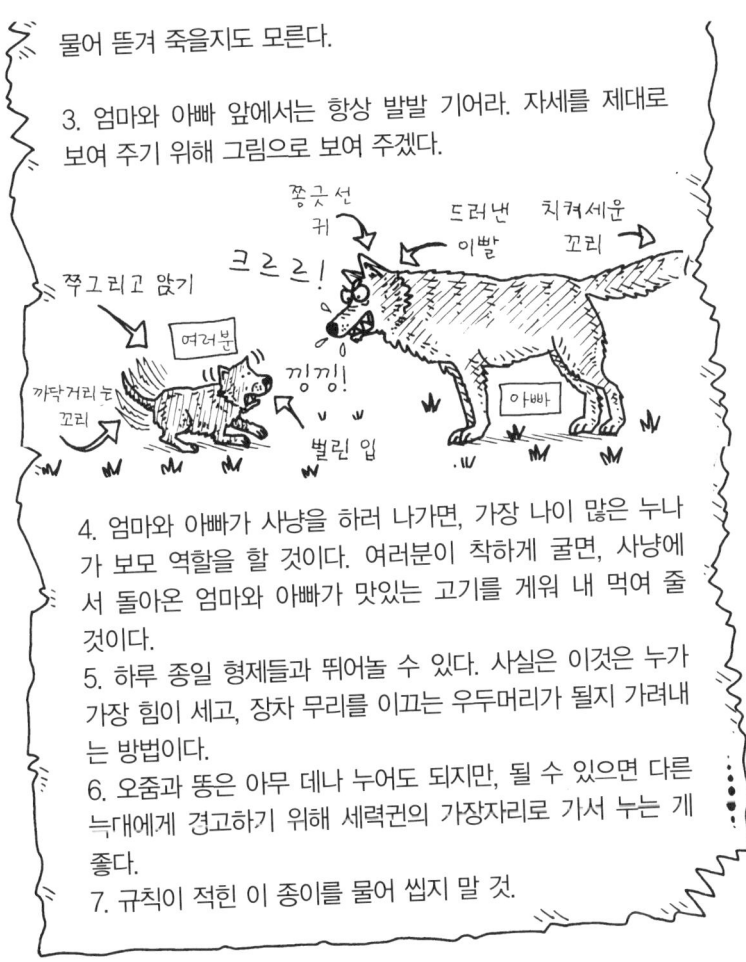

4. 엄마와 아빠가 사냥을 하러 나가면, 가장 나이 많은 누나가 보모 역할을 할 것이다. 여러분이 착하게 굴면, 사냥에서 돌아온 엄마와 아빠가 맛있는 고기를 게워 내 먹여 줄 것이다.
5. 하루 종일 형제들과 뛰어놀 수 있다. 사실은 이것은 누가 가장 힘이 세고, 장차 무리를 이끄는 우두머리가 될지 가려내는 방법이다.
6. 오줌과 똥은 아무 데나 누어도 되지만, 될 수 있으면 다른 늑대에게 경고하기 위해 세력권의 가장자리로 가서 누는 게 좋다.
7. 규칙이 적힌 이 종이를 물어 씹지 말 것.

이제 새끼 늑대의 삶이 대충 어떤 것인지 알았지? 그렇지만 어른 늑대의 삶은 어떨까? 다음의 늑대 신문을 한번 읽어 보자.

일간 늑대 신문

오늘의 주요 뉴스
▶ 늑대 휘파람 불기 대회
▶ 양의 탈을 쓴 늑대가 발견되다
▶ 빨간 두건이 당한 일은 인과응보이다
　- 어느 늑대의 주장

늑대 부동산 전문 소개소

토지, 임야 전문 업체

여러분의 집 근처에 다른 늑대가 얼씬 거리지 않게 보장해 드립니다! 사냥을 하기에 좋은 땅을 찾으시나요? 캐나다에 아주 크고 좋은 땅이 있답니다! 면적 500㎢에 맛있는 엘크가 우글거린답니다! 점점 늘어나는 여러분 가족을 위해서는 최상의 사냥터죠. 덤으로 근사한 늑대 회의장도 드립니다!

● 반쯤 씹다 버린 동물 뼈도 많이 있어 새끼들이 갖고 놀기에 좋습니다!
● 새끼를 낳기에 안락한 굴도 있답니다 (아, 물론 이건 땅에 파 놓은 구멍에 불과하지만, 우리 늑대에게는 궁전이나 다름없죠!).

신간 소개

늑대 사냥법 안내서

무리 중에서 가장 약해 보이는 엘크를 찾아내는 게 요령이다. 그리고 그 녀석을 쓰러뜨리고 나서 갈기갈기 찢어 먹으면 된다. 협력 공격은 필수!

"이 책은 정말로 내게 유용 한 양식을 주었어요. 그 후 로는 먹이를 놓치는 일이 거의 없었죠."

선풍적인 인기를 끄는 늑대의 노래 신곡 출시!
우리 시대의 가장 뛰어난 보컬 그룹 울프가 목이 터져라 부르는 최고의 노래를 들어 보세요. 빌보드 차트 1위의 "우우우우 당장 내 땅에서 나가! 나가지 않으면 갈기갈기 찢어 버릴 거야"도 포함돼 있습니다.
"기묘하게 심금을 울리는 노래! 마음뿐만 아니라 몸까지 얼른 안전한 곳으로 가도록 움직이는 감동의 노래!"

　　　　　　　　　　　　　　　　　　　　　- 늑대 음악 비평가

글쎄, 내가 듣기에는 늑대의 울음소리는 아주 위협적으로 들린다. 그리고 늑대를 향해 우우 하고 울부짖으려고 하는 사람은 아마도 골이 빈 사람일 게다.

설레발 씨의 모험: 늑대의 경고

늑대는 다른 늑대를 포함해 모두에게 잔인한 것처럼 보인다. 만약 늑대가 그 명성만큼 잔인하다면, 세상에서 가장 잔인한 동물 선발 대회에서 우승 후보로 손색이 없다. 그러나 과연 그럴까? 한 가지는 확실하다. 사람들이 지금까지 늑대를 수백만 마리 이상 죽였다는 사실! 수백 년 전만 해도 늑대는 북아메리카와 유럽 전역 그리고 대부분의 아시아 지역에서 살고 있었다. 그러나 지금은 많은 지역에서 사람들이 늑대를 몰살하는 바람에 자취를 찾아보기 어렵게 되었다.

- 영국에서는 1743년에 마지막 늑대가 총에 맞아 죽었다.
- 미국에서는 1920년대에 거의 모든 늑대가 죽었다.
- 프랑스에서는 1927년 무렵에 늑대가 자취를 감추었다.

그런데 같은 기간에 사람들은 수백만 마리의 늑대를 집 안에 들였다! 무슨 터무니없는 소리냐고? 정말이라니까!

★ 요건 몰랐을걸!

많은 과학자는 개가 사람들이 한때 사냥을 할 때 데리고 다니던 늑대의 후손이라고 생각한다. 늑대와 개는 아직도 공통점이 많다. 둘 다 똑같은 소리와 동작으로 감정을 나타낸다.
- 짖는 소리로 경고를 하고, 꼬리를 흔들어 친근감을 표시하며, 화가 날 때에는 으르렁거린다.

● 여러분의 개는 먹을 것을 원할 때 낑낑거리며 여러분을 핥으려고 하는가? 새끼 늑대는 부모에게 먹이를 달라고 할 때 이렇게 한다. 만약 여러분이 고기를 좀 토해 낸다면, 개는 그것을 핥아먹으려고 할 것이다.
● 만약 여러분이 그것을 불쾌하게 여길 때 개가 낑낑거리면서 긴다면, 개가 여러분을 무리의 우두머리로 여겼기 때문이다.
● 여러분의 개가 전봇대 냄새를 킁킁 맡고 거기에 오줌을 누거나 특정 장소에 오줌을 남기지는 않는가? 늑대는 자신의 세력권을 표시하기 위해 그렇게 하는데, 개는 여러분이 그 구역의 우두머리인 줄 알고 그런 행동을 안 할지도 모른다.

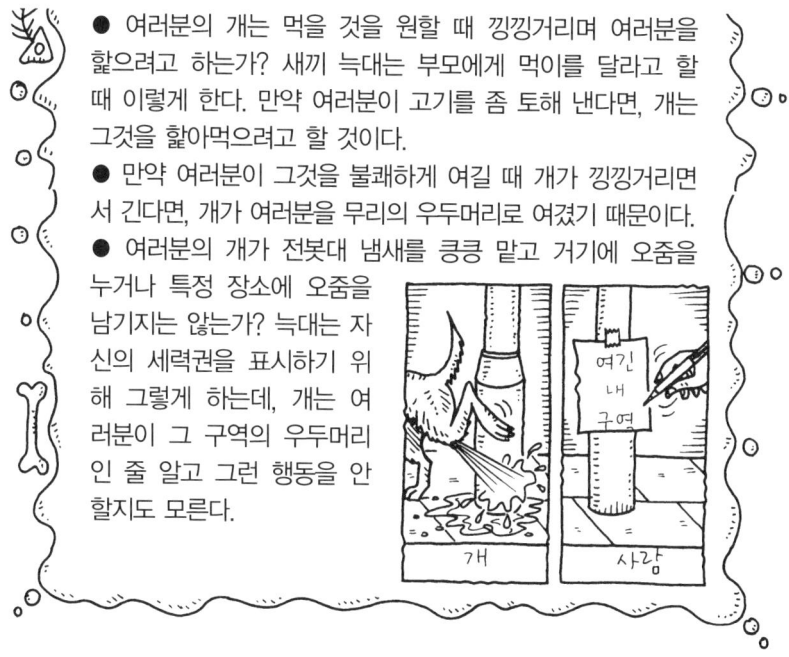

지난 1만 년 동안 사람은 개의 품종을 계속 개량하여 오늘날 개는 겉모습이 늑대와 많이 달라졌다. 그리고 개는 우리와 아주 친한 친구가 되었다…… 대개는!

개에 관한 깜짝 퀴즈

다음 이야기들에서 진실과 거짓을 가려 내 보라.

1. 2003년, 한 일본 회사는 개의 목소리를 사람의 말로 번역하는 기계를 발명했다.

2. 한 브라질인 의사는 개를 훈련시켜 수술을 돕게 했다.

3. 노르웨이에서는 한때 개가 왕을 지낸 적이 있다.

답:

1. 진실. 일본의 장난감 제조업체 다카라 사는 바우링걸(Bowlingual)이란 장비를 개발했는데, 이것은 개가 내는 소리의 패턴을 분석해 그 뜻을 알아낸다. 이 회사는 고양이 소리를 번역하는 기계도 만들었다.

2. 거짓. 여러분 같으면 개 의사한테 수술을 받고 싶겠는가? 나라면 절대로 하지 않겠다! 개는 위험할 수 있으니까!

3. 진실. 전설에 따르면, 아이스타인(Eystein) 왕은 적을 정복한 뒤, 개를 그들의 왕으로 선택하게 했다. 아마도 그 왕은 모든 신하에게 멍멍 짖도록 했겠지?

무서운 개

대부분의 개는 품종 개량과 훈련을 통해 사람을 공격하지 않지만, 일부 개는 위험한 동물로 변할 수 있다.

1. 미국과 유럽의 일부 지역에서는 들개 때문에 사람들이 공포에 떠는 일이 종종 있다. 배회하는 이 개 무리에는 온갖 종류의 개가 있지만, 대개 알세이셔(독일종 셰퍼드) 같은 큰 개가 무리를 이끈다.

살해 집단 현상 수배
들개 갱단

2001년, 이 잔인한 사냥개 갱단은 뉴욕의 스태튼아일랜드 동물원을 습격하여 왈라비 두 마리와 사슴 네 마리, 공작 두 마리를 죽였다.

현상금: 현금 5만 원과 여러분이 먹을 수 있는 개 비스킷 전부.

화가가 그린 갱단 두목의 몽타주

2. 미국에서만 개에게 물려 매년 18명이 죽고, 약 30만 명이 병원 치료를 받는다. 사실, 무시무시한 개에게 죽거나 다치는 사람의 수는 상어나 뱀, 곰, 퓨마에게 죽거나 다치는 사람의 수를 다 합친 것보다도 많다!

3. 2001년, 오스트레일리아의 프레이저 섬에서는 딩고라고 부르는 들개들이 한 소년을 물어 죽였다.

4. 핏불테리어 같은 일부 품종은 다른 개와 싸움을 시킬 목적으로 일부러 품종 개량한 것이다. 대부분의 나라에서 투견은 법으로 금지돼 있지만, 2002년에 캘리포니아 주에서는 도둑들이 핏불테리어 새끼들을 투견으로 키우기 위해 훔치려고 시도했다. 그런데 불행하게도 그들은 실수로 치와와를 데려가고 말았다.

지지리도 운이 없는 이 도둑들은 결국 철창 신세까지 져야 했다.

자, 그러면 세상에서 가장 잔인한 동물 선발 대회의 우승자는 과연 누구일까? 우승컵은 개에게 돌아가야 할까? 아니면 우리가 잘못 짚은 것일까? **오, 드디어 심사 위원단의 최종 판정이 나왔다고 한다!**

마침내 우리가 기다리고 기다리던 판정이……

"자, 난장판 동물원에 오신 것을 환영합니다! 세상에서 가장 잔인한 동물 선발 대회의 우승자를 발표하겠습니다. 백상아리만 빼곤(아무도 백상아리를 선뜻 초대하려고 나서지 못했기 때문이다) 이 책에 등장한 모든 동물이 이 자리에 직접 참석해 주셨습니다."

"발표는 설레발 씨가 하겠습니다."

세상에서 가장 잔인한 동물은?

"사람을 대표해서 정직한 너스레 씨가 트로피를 받겠습니다."

오, 대회장이 온통 웅성거리고 있군! 설레발 씨는 충격에서 벗어나지 못한 표정이고, 동물들은 씩씩거리고 있는 가운데 정직한 너스레 씨는 트로피를 챙겨 가지고 얼른 달아나 버렸다. 우리는 설레발 씨에게 결과에 대해 불만스럽게 생각하느냐고 물어 보았다.

음, 설레발 씨의 말이 일리가 있는 것 같다. 그래서 심사 위원단에게 왜 그런 결정을 내렸는지 설명을 해 달라고 요구했다.

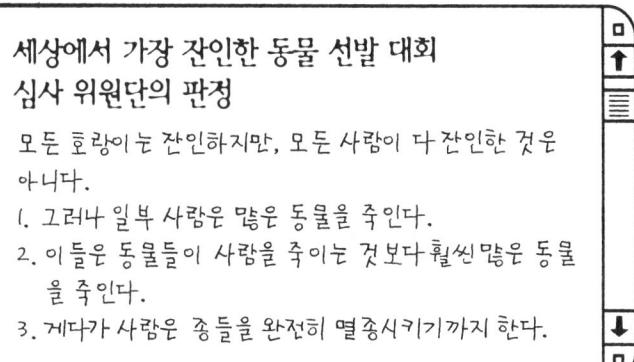

이게 사실일까? 심사 위원단의 말이 맞는지 한번 살펴보자. 정말로 위험한 동물들이 죽이는 사람보다도 사람이 죽이는 위험한 동물의 수가 더 많은가? 통계 자료는 대략적일 수밖에 없지만, 상어에 관해 흥미로운 자료가 하나 있다.

그리고 그 동안 사람들이 죽인 악어와 들소, 곰, 호랑이, 사자, 늑대를 생각해 보라. 숫자로 따진다면야 심사 위원단의 결론에 할 말이 없다. 그러나 우리가 다른 종의 씨를 완전히 말린다는 이야기는 좀 과장된 것이 아닐까?

음, 그렇지 않다······.

먹이 그물과 서식지에 관한 이야기를 기억하는가(기억이 나지 않는다면 14쪽을 들춰 보라)? 먹이 그물은 동물들이 서로에게 의존하여 살아간다는 것을 의미한다. 그러나 사람이 어떤 서식지를 차지하면, 그 곳의 먹이 그물은 급속히 와르르 무너지고 만다. 게다가 먹이 사슬의 맨 꼭대기에 있는 큰 육식 동물은 살아가기 위해 많은 초식 동물이 필요하기 때문에, 굶주릴 위험이 아주 커진다. 북아메리카에 있는 늑대 숲을 찾아가 보자.

아, 물론 늑대 숲 이야기는 지어 낸 것이다. 그러나 이 책에 등장한 많은 동물들은 사람들이 그들의 서식지를 침범함에 따라 먹을 것을 잃어 가고 있다.

코끼리와 곰, 사자, 호랑이에게 그런 일이 일어나는 것을 우리는 보았다. 그리고 이들 야생 동물이 배가 고파 가축이나 농작물을 먹으면, 사람들은 잔인한 보복을 가해 이들을 멸종으로 몰아간다.

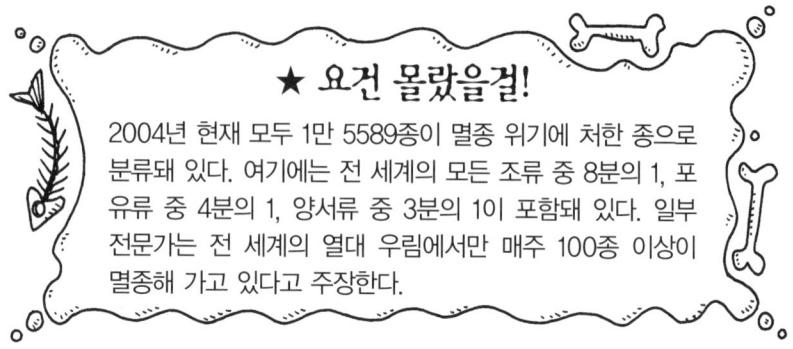

★ 요건 몰랐을걸!

2004년 현재 모두 1만 5589종이 멸종 위기에 처한 종으로 분류돼 있다. 여기에는 전 세계의 모든 조류 중 8분의 1, 포유류 중 4분의 1, 양서류 중 3분의 1이 포함돼 있다. 일부 전문가는 전 세계의 열대 우림에서만 매주 100종 이상이 멸종해 가고 있다고 주장한다.

이러한 사실이 이 책에 등장한 동물들에게는 어떤 영향을 미칠지 생각해 보자. 이를 위해 내가 멸종 측정계를 발명했다. 각 동물에 해당하는 단추를 누르기만 하면, 그 종이 얼마나 많이 남았는지 알 수 있다. 만약 그 동물이 멸종 위기에 처해 있다면, 사이렌이 울릴 것이다.

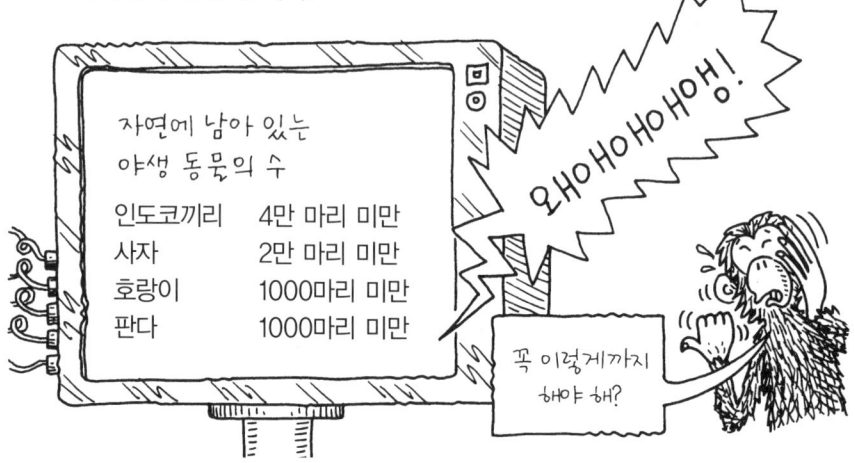

음, 정말로 사람들은 이 책에 등장한 일부 동물들을 멸종으로 내몰 수 있는 것처럼 보인다. 돈을 벌기 위해 동물을 사냥하거나 신체 부위를 파는 행위를 금지하면 동물을 보호하는 데 큰 도움을 줄 수 있다. 아, 그런데 이런 사람도 있다!

정직한 너스레 씨의 동물 신체 부위 판매 가게

우리 가게에서는 오로지 불법 제품만을 판매합니다! 그러니까 혹시 경찰에 걸리더라도 우린 서로 모르는 걸로 해야 합니다.*

전통적인 호랑이 가죽 깔개로 집 안을 환하게 장식하고, 고양이를 겁주어 보세요.
주의 사항: 날카로운 이빨에 긁히지 않게 조심하세요!

동양의 신비한 묘약

끝내 주는 웅담. 웅담은 곰의 쓸개(간에서 나오는 소화액을 저장하는 장소)를 말합니다. 여러분의 장과 심장에 아주 좋은 특효약입니다.

맛있는 호골주. 호랑이 뼈를 담가 만든 이 술은 관절통에 좋을 뿐만 아니라, 머리도 총명하게 해 준답니다!

호랑이 두개골. 이것을 베고 자면, 악몽에 시달리지 않습니다(중국에 전해 내려오는 속설임).

멋진 표범 가죽. 이 화려한 코트를 입으면 100만 달러짜리 옷을 입은 기분이 난답니다. 그래서 옷값도 100만 달러입니다. 진짜 야생

악어가죽 구두와 그것에 잘 어울리는 **악어가죽 핸드백.** 멋쟁이에게 아주 좋은 제품이죠!

* 걱정하지 않아도 된다. 정직한 너스레 씨는 사기꾼이어서 파는 동물 부위 중 진짜는 하나도 없다!

섬뜩한 소식

1. 2005년에 전문가들은 인도의 밀렵꾼들에게 호랑이가 매일 한 마리씩 죽어 가고 있다고 주장했다.

2. 호랑이 뼈는 진통 효과가 있지만, 다른 동물의 뼈도 같은 효과가 있다. 웅담도 의학적으로 사용되긴 하지만, 인공 물질로도 얼마든지 그 효과를 낼 수 있다.

3. 어떤 사람들은 원숭이와 침팬지 고기를 비롯해 야생 동물의 고기를 먹는 걸 좋아한다. 나로서는 도저히 이해가 안 간다. 세상에 원숭이 고기를 먹고 싶어 하는 사람이 다 있단 말이야?

자, 그럼 정리를 해 보자. 심사 위원단의 판단이 맞는 것 같다. 사람들 중에는 이 책에 등장하는 동물들에게 위험한 짓을 하는 사람이 있다. 그러나 그렇다고 해서 우리 모두가 잔인한 동물이란 말인가? 우리는 부드럽고 착한 면도 있지 않은가?
 아마도 그 답은 다음 장에 나올 것 같은 예감이 든다. 그러길 기도하자! 다음 장은 마지막 장이 될 테니까.

끝맺는 말: 동물을 사랑하고 보호하자

세상에서 가장 잔인한 동물 선발 대회는 약 500년 전에 처음 열렸다. 1459년, 이탈리아 피렌체의 코시모 데 메디치(Cosimo de Medici)는 어떤 동물이 가장 사나운지 알고 싶었다.

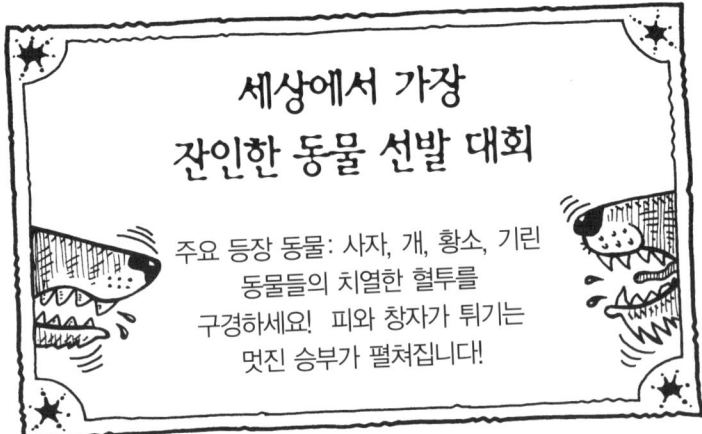

그러나 실제로 일어난 일은 아주 달랐다.

대회 전에 사람들은 그 동물들을 배불리 먹였다. 그러자 배부른 동물들은 괜히 쓸데없이 싸우려고 하지 않았던 것이다. 사실, 가장 잔인한 동물은 그 끔찍한 대결을 시키려고 한 사람들이 아니겠는가!

그러니 이 책에서 개최한 세상에서 가장 잔인한 동물 선발 대회의 우승도 사람이 차지할 수밖에. 그렇다고 해서 우리 모두가 잔인한 것은 아니다. 동물을 끔찍히 사랑하는 사람들도 많다.

진작 그렇게 말할 것이지.

찰스 워터턴을 기억하는가? 또 자기를 공격한 호랑이의 목숨을 살리려고 노력했던 수베다르 알리도 있지 않았는가? 그리고 여러분도 동물에게 잔인하지 않겠지? 지금도 많은 사람들은 야생 동물을 구하기 위해 노력하고 있다. 사람이 지닌 좋은 면과 나쁜 면을 잘 요약해 보여 주는 이야기가 하나 있다.

사라져 간 들소

약 200년 전에 북아메리카의 평원에는 들소가 우글거리고 있었다. 며칠 동안을 여행하더라도 들소는 끝없이 눈에 띄었다. 과학자들은 아메리카들소가 지구 상에서 무리를 지어 사는 야생 동물 중 가장 큰 무리였을 거라고 생각한다. 그런데 100년도 지나기 전에 아메리카들소는 거의 멸종 직전에 이르렀다. 그중 많은 수는 사냥꾼의 총에 맞아 죽었는데, 사냥꾼들은 순전히 재미로 쏘아 죽였다!

유럽에서는 이미 오래 전에 모든 들소가 죽었고, 오직 폴란드의 비알로비에자 숲에만 한 무리가 살아남아 있었다. 그러나 1914년에 이 숲에서 전투가 일어나는 바람에 거의 모든 들소가 죽어 버렸다.

그러나 그것으로 이야기가 끝난 게 아니다.

미국과 유럽의 일부 들소는 동물원에서 살아남았고, 이들을 많이 번식시켜 지금은 북아메리카의 평원과 비알로비에자 숲으로 다시 돌려보냈다.

여기서 마지막 이야기가 중요하다. 세계 각지에서 과학자들은 야생 서식지에서 살아가는 동물들을 연구하면서 그들을 보호할 수 있는 방법을 찾고 있다.

● 대부분의 나라는 이 책에 등장하는 동물들을 사냥하는 것을 법으로 금지하고 있다.

● CITES(Convention on International Trade in Endangered Species of wild Fauna and Flora: 야생 동식물의 국제 거래에 관한 협약)라는 국제 조약을 통해 희귀한 동물의 신체 부위를 사고파는 행위를 근절시키려고 노력하고 있다.

● 동물원들에서 희귀한 야생 동물을 안전하게 번식시키려고 노력하고 있다. 그래서 설사 야생에서 그 동물이 멸종한다 하더라도, 일부는 사육되어 살아남을 수 있다.

● 일부 전문가는 서식지를 보호하는 데 사냥이 좋은 방법이 될 수 있다고 생각한다. 다만, 그 정도를 엄격하게 통제하기만 한다면 말이다. 많은 전문가는 어떤 형태의 사냥에도 반대한다.

● 점점 많은 관광객이 야생 자연을 방문하고 있는데, 일부 전문가는 관광객이 뿌리는 돈이 서식지를 보호하고 야생 동물을 구하는 데 도움을 줄 수 있다고 생각한다.

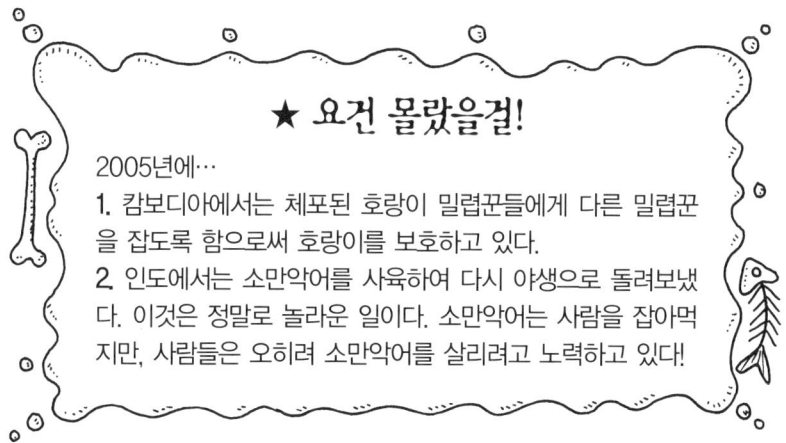

★ 요건 몰랐을걸!

2005년에…
1. 캄보디아에서는 체포된 호랑이 밀렵꾼들에게 다른 밀렵꾼을 잡도록 함으로써 호랑이를 보호하고 있다.
2. 인도에서는 소만악어를 사육하여 다시 야생으로 돌려보냈다. 이것은 정말로 놀라운 일이다. 소만악어는 사람을 잡아먹지만, 사람들은 오히려 소만악어를 살리려고 노력하고 있다!

따라서, 사람이 모두 나쁜 것은 아니다. 물론 개중에는 잔인한 동물도 있지만, 많은 사람은 다른 동물을 아끼고 사랑하는 동물이다. 우리가 모두를 위해 최선의 길을 찾을 수 있을 만큼 현명하길 바란다!